Wohnhäuser aus Stahl

Johannes Kottjé

WOHNHÄUSER AUS STAHL

Zeitgemäße Architektur für lichtdurchflutete Räume

Deutsche Verlags-Anstalt München

Inhalt

Vorwort

Stahl ist einer der vielseitigsten Baustoffe. Die weitgehenden Möglichkeiten, das Material zu verarbeiten, zu formen und zu bearbeiten sowie seine hohe Leistungsfähigkeit haben sich Architekten und Ingenieure seit Mitte des 19. Jahrhunderts immer wieder in unterschiedlicher Art und Weise zu Nutzen gemacht. Die einen schufen faszinierende Tragstrukturen von skulpturalem Charakter, andere setzten Stahl rein konstruktiv ein, beispielsweise um weite Räume stützenfrei zu überspannen. Bei Ingenieurbauwerken wie Brücken, Türmen oder Industrieanlagen blieb die tragende Stahlkonstruktion in der Regel sichtbar und wurde mit ihrem oft filigranen Erscheinungsbild und den lange üblichen Nietenverbindungen meist als sehr ästhetisch empfunden. Anders bei Gebäuden, die zum dauerhaften Aufenthalt von Menschen gebaut wurden, etwa bei Wohnhäusern: hier stießen sichtbare Stahlträger und -stützen häufig auf Ablehnung, da dem Material nachgesagt wurde, »kalt« und »streng« zu sein. Die Konsequenz war, dass tragende Stahlbauteile in derartigen Gebäuden üblicherweise verkleidet wurden. Dennoch gab es immer wieder Architekten und Bauherren, die den besonderen Reiz und die mögliche architektonische Qualität sichtbarer Stahlkonstruktionen auch im Wohnhausbau entdeckten und Mut zum Unkonventionellen bewiesen. Insbesondere während der letzten Dekade entstanden in Deutschland, Österreich und der Schweiz einige bemerkenswerte Einfamilienhäuser, die mit klarer Formensprache und Linienführung ebenso wie durch die Auswahl expressiv eingesetzter, oft kontrastreicher Materialien überzeugen. Durchdachte architektonische und konstruktive Details vervollkommnen die außergewöhnliche Ästhetik vieler dieser Häuser.

Nicht ohne Grund werden überproportional viele Stahl-Wohnhäuser in Architekturzeitschriften veröffentlicht. Mit der vorliegenden Publikation werden nun erstmals 20 ausgewählte Häuser in Buchform vorgestellt. Anliegen des Buches ist nicht nur, als Anregung zum und beim Bau eines Wohnhauses in Stahlbauweise zu dienen, sondern auch darüber hinaus zu ermutigen, architektonische Lösungen abseits üblicher Konventionen zu wagen.

Johannes Kottjé

Die Geschichte des Stahl-Wohnungsbaus – ein historischer Überblick

Wohnhäuser in Stahlbauweise sind prinzipiell nichts Neues. Seit Eisen, Stahl und Blech industriell gewonnen und hergestellt werden und somit preiswert in großen Mengen zur Verfügung stehen, gibt es Bemühungen, aus diesen Materialien Häuser für Wohnzwecke herzustellen. Ihren Beginn und zugleich ihren vorläufigen Höhepunkt erlebte diese Entwicklung in den 1840er Jahren, als in Europa eine Reihe so genannter Montagebausysteme aus Blech entwickelt wurde. Sie wurden in erster Linie nach Australien, in die USA und in Kolonien exportiert und halfen dort, schnell neuen Wohnraum für den Zustrom europäischer Siedler zu schaffen.

Montagebauten waren durch eine Vielzahl an Vorzügen für diese Aufgabe prädestiniert: sie konnten in Europa industriell vorgefertigt, in handlichen, leichten Einzelteilen verschifft und transportiert und am Bestimmungsort von ungelernten Arbeitern in kurzer Zeit aufgestellt werden. 1829 hatte Henry Palmer das Wellblech erfunden, mit dem sich tragfähige Konstruktionen aus dünnem und somit leichtem Blech realisieren ließen. Die 1837 patentierte Feuerverzinkung ermöglichte langlebige Konstruktionen. Eisen galt zudem als feuer- und erdbebensicher, gegenüber dem zuvor für Montagehäuser verwendeten Holz war es weniger anfällig gegen Witterungseinflüsse, resistent gegen Wurmfraß und stabiler bei mutwilligen Beschädigungsversuchen.

Haftet der sprichwörtlichen »Wellblechhütte« heute der Ruf an, ein Provisorium für Notzeiten zu sein, so waren diese Bauten damals im wahrsten Wortsinne »innovativ«. 1843 orderte sogar der afrikanische König Eyambo bei einem englischen Hersteller einen Wellblechpalast für sich und seinen Harem.

Doch der Boom war nur von kurzer Dauer, bereits in den 1850er Jahren flaute er ab. Die Gründe hierfür sind in den mangelhaften bauphysikalischen Eigenschaften zu suchen: aufgrund fehlender Dämmung der Außenwände waren die Häuser im Winter innen kalt, während sie sich im Sommer überhitzten.

Zur gleichen Zeit wurde weltweit eine Reihe beeindruckender Bauwerke mit Tragkonstruktionen aus Eisen und Stahl erstellt. Bekannte Beispiele sind der Londoner Kristallpalast von Joseph Paxton, der Eiffelturm, das in München errichtete Industrie-Ausstellungsgebäude von August Voit und Ludwig Werder oder die Pariser Markthallen. In den USA begannen Stahlkonstruktionen eine feste Größe im Wohnungsbau zu werden.

Erste ernsthaft Versuche, Wohnhäuser mit tragender Stahlkonstruktion in Europa zu vermarkten, gab es in den 1880er Jahren. Architektonische Gründe spielten auch hier noch keine Rolle, es waren reine Pragmatismen, die verschiedene Konstrukteure und Firmen zum Bauen mit Stahl verleiteten.

Oben: In England hergestelltes Haus für Auswanderer (1851)
Mitte: Der Kristallpalast in London von Joseph Paxton
Unten: Der Eiffelturm demonstriert eindrucksvoll das mit Stahl Machbare.

Oben und Mitte: Das 1883 von der MAN errichtete Stahlfachwerkhaus in Nürnberg. Nach Fertigstellung blieb die tragende Konstruktion außen sichtbar.
Unten: Über hundert Jahre stand in Berlin-Weißensee dieses 1888 von F. C. Heilemann erbaute Haus mit tragender Stahlkonstruktion und Stahlfassade.

So ließ sich 1883 ein Nürnberger Schneider auf einem nur 49 Quadratmeter großen Eckgrundstück von der MAN sein Wohn- und Geschäftshaus in Stahlfachwerkbauweise errichten. Zum einen waren die mit Ziegelmauerwerk ausgefachten Wände schmaler als damals gebräuchliche massive Ziegelwände. Zum anderen konnten so trotz des Verbots von Holzfachwerk Erker zur Wohnflächenerweiterung realisiert werden. In Frankreich haben sich einige Häuser erhalten, die nach einem 1885 auf den Markt gebrachten Verfahren des belgischen Hüttenbesitzers Joseph Danly gebaut wurden. 1888 baute F. C. Heilemann in Berlin-Weißensee Häuser mit dem von ihm erdachten »Isothermalsystem«. Das Letzte dieser Häuser stand bis 1989. Wie der Name des Systems schon signalisiert, verfügten die damals entwickelten Stahlbauweisen für den Wohnungsbau über eine Wärmedämmung. Diese bestand meist in einer innen angeordneten Leichtbauplatte. Zwischen ihr und der oft auch aus Stahl bestehenden Fassadenverkleidung wurde ein zusätzlich dämmender Luftspalt belassen, der zudem die zum Korrosionsschutz erforderliche Hinterlüftung der Fassade ermöglichte.
In den 1920er Jahren, insbesondere ab 1926 entstand eine Reihe von Stahlhäusern in Deutschland. Die Ursache hierfür lag zum einen in der Suche der Stahlindustrie nach neuen Betätigungsfeldern sowie in dem Bestreben des Wohnungs- und Baugewerbes, preiswert Wohnraum zu schaffen. Die erstgenannte Gruppe übernahm vor allem die in England damals geläufige Stahlplatten- bzw. Lamellenbauweise und suchte sie in zahlreichen Abwandlungen auf den Kleinhausmarkt zu bringen.
Ebenfalls 1926 wurde von der Tresorbauanstalt Braune & Roth nahe Leipzig eine Mischform aus Tafel- und Skelettbauweise vorgestellt. Hierbei waren Stahltafeln auf ein Stahlskelett aus U-Profilen geschraubt. Ein ähnliches System verwandte die Tresorbaufirma Carl Kästner AG, die hiermit ein Musterhaus und – nach leichter Überarbeitung – das Dessauer »Bauhaus-Stahlhaus« nach Entwurf von Georg Muche und Richard Paulick erstellte. Dieses ist das wohl bekannteste und architektonisch interessanteste Stahlhaus der damaligen Zeit.
Der Bauhausmeister Georg Muche (1895 bis 1987) war ein Anhänger des Stahlbaus. Er hatte sich mit englischen und französischen Stahlbauweisen beschäftigt und in den Vereinigten Staaten die dort üblichen Stahlskelettkonstruktionen kennen gelernt. Er sah die Zukunft des Bauens in der industriellen Fertigung, Stahl schien ihm hierzu das geeignete Material zu sein, doch auch die Entwicklung noch leistungsfähigerer Baustoffe schien ihm möglich.
Als Walter Gropius 1926 im Dessauer Stadtteil Törten seine Vorstellungen industriell hergestellter Wohnhäuser als Versuchssiedlung realisieren konnte, bekam

Muche die Gelegenheit, in Zusammenarbeit mit dem Architekturstudenten Richard Paulick (1903–1979, nach 1949 einer der bedeutendsten Architekten der DDR) ein Stahlhaus zu planen und auszuführen. Gropius' Betonbauweise hielt Muche nur für eine »organisatorische Übersteigerung der Steinbauweise«.

Muche und Paulick wollten »ein System entwickeln, mit dem sowohl ein- wie mehrgeschossige Häuser herstellbar waren und zwar nicht nur Wohnhäuser, sondern auch alle anderen Gebäudearten mit zellenartigem Aufbau wie Bürohäuser, Krankenhäuser, Schulen und Kindereinrichtungen. Das war bei dem damaligem Stand der Technik am leichtesten in Stahl realisierbar«, äußerte Paulick später in einem Interview. Doch das Dessauer Haus blieb ein Einzelstück. Inzwischen steht es unter Denkmalschutz und wurde 1976 und in den 1990er Jahren umfangreich instand gesetzt.

Das »erfolgreichste« Ganzstahlsystem war das von der Stahlhaus GmbH angewandte System Blecken. Es bestand aus Stahlplatten, deren Ränder um 90 Grad abgekantet wurden. Diese »Lamellen« genannten Elemente konnten nun nebeneinander aufgestellt und verschraubt werde. Innenseitig wurden Verkleidungen aus verschiedenen Leichtbaudielen, beispielsweise Gipsdielen, angeordnet.

Die Lamellen wurden typisiert: neben Wandlamellen gab es Tür-, Fenster- und Ecklamellen, jeweils 2,80 Meter hoch und 1,15 Meter breit, die Ecklamelle halb so breit. Daraus wurden fünf Haustypen entworfen, die als frei stehende Bauten, Doppel- oder Reihenhäuser ausgeführt werden konnten. Sie alle waren 7 Lamellen tief und zwischen 3,5 und 10 Lamellen breit. Die Gestaltung war schlicht und funktional, aus wirtschaftlichen Gründen wurde auf »Ausdrucksmittel allerletzter Architekturschöpfungen« verzichtet.

1928 und 1929 entstanden weniger als tausend Blecken-Häuser, dann wurde die Stahlhaus GmbH mangels Erfolges liquidiert. Insbesondere im Ruhrgebiet blieben bis heute Vertreter dieser Bauweise erhalten.

Immer wieder versuchten auch Ingenieure unterschiedlicher Fachrichtungen, die ursprünglich nicht dem Bauingenieur- oder Architektenwesen entstammten, Wohngebäude unterschiedlicher Art in Stahlbauweise zu konstruieren und zu erstellen. Die Wege der Konstrukteure zur Architektur waren mannigfaltig: sie reichten von der Suche nach Verwendungsmöglichkeiten für

Links und Mitte: Am Bauhaus in Dessau entstanden in den 1920er Jahren zahlreiche Stahlhaus-Entwürfe, so der von Muche/Paulick im Rahmen der Mustersiedlung Törten realisierte.

Oben: Dieses nach dem System Blecken erstellte Stahlblech-Haus in Essen befindet sich noch heute weitgehend im Originalzustand.

Links: Das Mehrfamilienhaus von Ludwig Mies van der Rohe in der Stuttgarter Weißenhofsiedlung hat eine bewegte Geschichte hinter sich.

Rechts: Das MAN-Haus sollte nach dem Krieg beim Wiederaufbau helfen.

das Material über das Anliegen, preiswerten, funktionalen Wohnraum zu schaffen bis hin zu philosophischen Ansätzen.
Ein Ziel aber hatten alle: ihre Stahlhäuser sollten industriell vorzufertigen sein, meist diente hier das Auto als Vorbild.
Die drei wohl bekanntesten Persönlichkeiten dieser Kategorie waren Hugo Junkers (1859–1935), Jean Prouvé (1901 bis 1985) und Richard Buckminster Fuller (1895–1983). Die Auswirkungen der Gedanken und Entwicklungen der drei waren unterschiedlich: blieben Buckminster Fullers Überlegungen unrealisierte Visionen (abgesehen von Versuchshäusern), konnte Junkers Bausystem wenigstens durch vier alltäglich genutzte Gebäude seine Praxistauglichkeit unter Beweis stellen. Prouvés Pré-Fab-Häuser hingegen wurden ein großer, auch wirtschaftlicher Erfolg.
Auch viele Protagonisten sämtlicher Stilrichtungen, die sich unter dem Oberbegriff der »Klassischen Moderne« zusammenfassen lassen, bauten Wohngebäude mit tragender Stahl- oder Blechstruktur oder projektierten zumindest Stahl-Wohnbauten.
Die Beweggründe für den Einsatz des Materials waren so unterschiedlich wie – trotz vieler Gemeinsamkeiten – die Architektur der Bauten. Es gab einige Argumente für Stahl, die immer wieder genannt wurden, allerdings muss man auch hierbei unterscheiden, inwieweit reiner Pragmatismus und inwieweit Ideologien Vater des Gedankens waren. Anders gesagt, inwieweit Stahl zur Umsetzung eines architektonischen Gedankens genutzt wurde und inwieweit die Architektur durch den geplanten Einsatz des Stahls vorbestimmt wurde.
Viele Größen des neuen Bauens waren fasziniert von dem Material Stahl. Es war das Material des Maschinenzeitalters, das Material, aus dem großartige Tragwerkskonstruktionen erstellt worden waren und vor allem das Material, das versprach, den Prozess der industriellen Produktion auf das Bauen konvertieren zu können.
Eine von den Architekten der klassischen Moderne nahezu durchgängig vorgebrachte Forderung an die Architektur von Wohnbauten jener Zeit war die variable Grundrissgestaltung. Es wurde daher als notwendig angesehen, als tragende Grundstruktur des Hauses auf ein Skelett zurückzugreifen, innerhalb dessen die nichttragenden Wände als bloße Raumteiler nach den jeweiligen Erfordernissen veränderbar eingestellt werden konnten.
Allerdings waren nicht alle Verfechter des variablen Grundrisses auf ein Stahlskelett festgelegt. Le Corbusier (1887–1965) beispielsweise sprach allgemein von einem Skelett aus armiertem Beton oder Eisen. Die von ihm realisierten Gebäude verfügen alle über ein Stahlbetonskelett. Das von ihm 1927 erstellte Haus 14/15 in der Werkbundausstellung »Bau und Wohnung« am Stuttgarter Weißenhof enthält lediglich einige Stahlstützen und -träger. Im Ausstellungskatalog führt er aus: »Das Pfostensystem trägt die Zwischendecken und geht durch bis unter das Dach. Die Zwischenwände werden nach Bedürfnis beliebig hereingestellt, wobei keine Etage irgendwie an die andere gebunden ist. Es existieren keine Tragwände mehr, sondern nur Membrane von beliebiger Stärke. Folge davon ist absolute Freiheit in der Grundrissgestaltung.«
Bauhausdirektor Walter Gropius (1883 bis 1969) war weniger radikal zum Thema Variabilität und Skelettbauweise eingestellt als Le Corbusier. Doch im Katalog der Weißenhofsiedlung, für die er ein Stahlhaus entwarf, äußert er sich ähnlich wie dieser: »die entwicklung des wohnungsgrundrisses zeigt infolge rationalisierung des platzbedarfes ein starkes bedürfnis nach veränderbaren zwischenwänden, die innerhalb des feststehenden haustraggerüsts aus eisen oder beton einen beweglichen raumabschluß ermöglichen, soweit es die zeitlich wechselnde wohnfunktion innerhalb des grundrisses erfordert.«
Ludwig Mies van der Rohe (1886–1969) war Leiter der Ausstellung. Er entwarf ein Mehrfamilienhaus, das als langgestreckter, viergeschossiger Riegel die gesamte Siedlung optisch dominiert. Er sieht die Grundrissvariabilität als Notwendigkeit, die sich aus der wirtschaftlich erforderlichen Typisierung der Bauten an sich ergibt: »Wirtschaftliche Gründe fordern heute beim Bau von Mietswohnungen Rationalisierung und Typisierung ihrer Herstellung.

Oben und rechts: Haus Schminke von Hans Scharoun wurde 1998–2000 umfassend instand gesetzt.

Diese immer steigende Differenzierung unserer Wohnbedürfnisse aber fordert auf der anderen Seite größte Freiheit in der Benützungsart. Es wird in Zukunft notwendig sein, beiden Tendenzen gerecht zu werden. Der Skelettbau ist hierzu das geeignetste Konstruktionssystem. Er ermöglicht eine rationelle Herstellung und lässt der inneren Raumaufteilung jede Freiheit. Beschränkt man sich darauf, lediglich Küche und Bad ihrer Installation wegen als konstante Räume auszubilden und entschließt man sich dann noch, die übrige Wohnfläche mit verstellbaren Wänden aufzuteilen, so glaube ich, dass mit diesen Mitteln jedem berechtigten Wohnanspruch genügt werden kann.«
Entsprechend diesen Vorgaben wurden die einzelnen Wohnungen des Hauses von verschiedenen Architekten gestaltet, unter anderem von Lilly Reich, Mies' damaliger Lebensgefährtin. Die leichten Trennwände aus Holz ermöglichten relativ einfache Veränderungen der Grundrisse, um das Haus in den Jahren nach der Ausstellung den Bedürfnissen der wechselnden Bewohner anpassen zu können.
Doch die Realität war brutaler: Während des Krieges und in der Nachkriegszeit wurden viele der Holzwände durch massiv gemauerte Wände ersetzt. Mies selbst griff die architektonische Idee 1948 bei seinen Lake Shore Drive Appartements in Chicago wieder auf.
Eine Abwandlung des Themas variable Grundrissgestaltung war der offene Grundriss mit fließenden Räumen, wie er vor allem für Villen typisch wurde. Als Beispiele seien hier die Villa Tugendhat (1930) von Mies van der Rohe, das Haus Schminke (1933) von Hans Scharoun (1893–1972) genannt. Beiden Bauten gemeinsam ist der große Wohnvielzweckraum, der jeweils das untere Geschoss weitgehend einnimmt sowie die darüber angeordnete kleinteiligere Raumaufteilung der Schlafbereiche.
Die ineinander fließenden, »weiten, beruhigenden Räume« waren der Kernpunkt des ungeheuerlich modernen Entwurfs der Villa Tugendhat in Brno/Brünn (Tschechoslowakei). Der 280 Quadratmeter große Hauptraum des Hauses verbindet nicht nur die bis dahin als Einzelräume einer kleinteiligeren Struktur gebauten Wohn-, Ess- und Arbeitsräume zu einem Raumkontinuum. Durch die vollständige Öffnung der Gartenfassaden wird auch der Außenraum in den Gesamtzusammenhang mit einbezogen. Zumindest visuell werden der Garten und die zu Füßen liegende Stadt mit der mittelalterlichen Festungsanlage des Spilberk und der Kathedrale Bestandteile des Raumes. Die Umsetzung von Mies' Entwurf wurde erst durch die tragende Stahlskelettkonstruktion ermöglicht.
Dass Haus Schminke in Löbau/Sachsen als Stahlskelettbau mit Bimssteinausmauerung ausgeführt wurde, hatte rein funktionale, konstruktive Gründe. Der Entwurf – eine Abfolge dreier weiträumiger, ineinander-übergehender Räume im Erdgeschoss kombiniert mit kleinformatigen Schlafzimmern im Obergeschoss – stand bereits, als die Bauweise festgelegt wurde. Sie wurde gewählt, um die Freiheit der Grundrisse sowie die charakteristischen, einen Schiffsbug assoziierenden Auskragungen im Bereich der Terrasse zu ermöglichen. Bis auf wenige Stützen im Wintergarten liegt das Skelett verborgen in Wänden und Decken. Wo es im Wohnraum den Fensterpfosten bildet, ist es von außen mit Wellblechverkleidungen abgedeckt – wenigstens ein dezenter Hinweis auf die Konstruktion. Ein weiterer Grund für die gewählte Bauweise waren die günstigeren Baukosten.
Eine damals ebenfalls des Öfteren vorgebrachte Begründung für die Anwendung einer Stahlskelettkonstruktion erscheint bei Betrachtung der damaligen Ausfachungen aus heutiger Sicht nicht auf den ersten Blick schlüssig: das hohe Maß an Wärmedämmvermögen bei geringer Wandstärke. Gropius beispielsweise äußert sich über die Wandkonstruktion seines »Trockenmontagebaus« in der Weißenhofsiedlung: »sie entspricht wärmetechnisch einer 1,5 meter starken ziegelwand.«
Doch das aus damaliger Sicht hohe Wärmedämmvermögen hatte einen einfachen Grund: dadurch, dass sämtliche Lasten über das Stahlskelett abgetragen wurden, konnten leichte, poröse Füllstoffe oder mehrschichtige Füllkonstruktionen mit stehenden Luftschichten verwendet werden, die immerhin deutlich besser dämmten als

Zahlreiche bauphysikalische Schwachstellen wies der Hoesch-Bungalow auf.

damals sonst übliche Wandkonstruktionen. Viele Projekte, die sich in den 1920er Jahren mit den Möglichkeiten des Stahlbaus für kostengünstigen Wohnungsbau in Serie beschäftigten, blieben entweder Einzelobjekte wie Gropius Stuttgarter Bau oder sie kamen nicht einmal über den zu Papier gebrachten Gedanken hinaus. So etwa einige Projekte, die dem Dessauer Bauhaus entstammten.

Nach dem Zweiten Weltkrieg wurden einige Bausysteme aus Stahl entwickelt, um die damalige Wohnungsnot lindern zu helfen. Die so erstellten Häuser waren allerdings oft nur als Notunterkünfte für einige Jahre gedacht und sind somit nicht unbedingt als Stahl-Wohnhäuser im hier gemeinten Sinne zu verstehen.

Auch die MAN wollte bei der dringlichen Wohnungsfrage ein Wort mitreden und stellte 1946 ein Probehaus vor, das von der Fachpresse als »hässliche Stahlschachtel« verrissen wurde. Die Materialknappheit nach dem Krieg spiegelt sich in Angaben der MAN über die Lieferfähigkeit des Hauses innerhalb Deutschlands wider, die anlässlich der Exportmesse in Hannover 1948 gemacht wurden: »Das vornehmlich für den Export bestimmte MAN-Stahlhaus kann auch dem deutschen Käufer geliefert werden, soweit er die erforderlichen Baustoffe selbst beschafft.«

Sein endgültiges Aussehen erhielt das MAN-Stahlhaus allerdings erst 1950, ein Jahr später wurde das erste Haus für einen Kunden gebaut. Der Wandaufbau bestand nun aus raumhohen, 20 Zentimeter tiefen Kassetten aus 1,25 Millimeter starkem Blech, die zur Raumseite hin mit einer Hartfaserplatte verschlossen wurden. Sie waren innen gedämmt und belüftet. Die Decken wurden als Holzbalkendecken ausgeführt. Das gesamte Haus war demontier- und translozierbar.

Das MAN-Haus war keine preiswerte Möglichkeit des Eigenheimbaus, sondern vielmehr ein für damalige Verhältnisse technisch hochwertiges Hausbausystem als Alternative zu gutbürgerlichen Massivhäusern. Dass von den zwischen 1949 und 1953 gebauten 230 Häusern viele noch stehen und sich in gutem Zustand befinden, spricht für die Qualität der Häuser.

Die Architektur der Häuser lässt hingegen zwiespältige Gefühle aufkommen: wurde einerseits die Konstruktion expressiv zu Tage getragen – die Außenwände wurden lediglich mit einem Schutzanstrich versehen – glichen die Häuser doch andererseits von der übrigen architektonischen Gestaltung her ihren steinernen Kollegen bis ins Detail: mit Satteldach und Lochfassade mit Klappladen-verdeckten Sprossenfenstern waren sie »ganz schlicht aber anheimelnd und bei aller Sachlichkeit etwas für das deutsche Gemüt«. So hatte es der Architekt Hans Schneider in einer gutachterlichen Stellungnahme im Auftrag der MAN 1949 gefordert. 1953 gab MAN die Stahlhaus-Produktion auf. Offenbar mangelte es an ausreichender Akzeptanz des Bausystems bei der potenziellen Kundschaft.

Der Stahlkonzern Hoesch entwickelte in den 1950er Jahren ein mit PVC beschichtetes Blech, 1959 wurde der neue Verbundwerkstoff unter dem Namen Platal vorgestellt. Platal konnte auf vielfältige Weise bearbeitet werden und so sollte es nicht nur für den Industriebau geeignet sein. Hoesch sah auch Verwendungsmöglichkeiten im Wohnungsbau und entwickelte zunächst ein Konstruktionssystem für temporäre, versetzbare Bauten, die Angestellten deutscher Firmen im Ausland – auch in tropischen Klimazonen – als vorübergehende Unterkunft dienen sollten.

Als Sékou Touré, Staatspräsident von Guinea, im November 1959 die Dortmunder Westfalenhütte besuchte, erhielt er eines der ersten Hoesch-Montagehäuser als Geschenk. Es wurde als Gästehaus des soeben selbständig gewordenen Staates Guinea genutzt.

In den Folgejahren wurde ein Konstruktionssystem für Wohnbauten entwickelt, das in Deutschland Marktanteile erobern sollte. Der Öffentlichkeit vorgestellt wurde es 1962 auf der Hannover-Messe in Form zweier eingeschossiger Flachdachbungalows. Für die Jahre 1964 und 1965 war die Fertigung von 2000 Bungalows geplant. Gebaut wurden schließlich drei kleine Siedlungen

Der Düsseldorfer Architekt Wolfgang Döring baute 1972 eine Villa mit außen angeordneten Stahlstützen und sichtbar durch das Haus verlaufenden Fachwerkträgern. Die einzelnen Räume im Inneren gehen ineinander über. Mit Hilfe großformatiger Schiebetüren können sie bei Bedarf getrennt werden.

für Werksangehörige, einige Musterhäuser sowie vereinzelte Bungalows für Privatpersonen, bis auch dieser Versuch, Stahlwohnhäuser in Deutschland heimisch werden zu lassen, 1969 für gescheitert erklärt, die Produktion eingestellt wurde. Insgesamt dürften weniger als einhundert Hoesch-Bungalows realisiert worden sein. Neben der mangelnden Akzeptanz der stahlsichtigen Flachdachbungalows trugen zu diesem Flop die mangelhaften bauphysikalischen Eigenschaften des unausgereiften Konstruktionssystems bei.

Den Stahlbausystemen weiterer großer Stahlfirmen wie Thyssen oder Mannesmann war ebenfalls kein Erfolg vergönnt. Für wohlwollendes Aufsehen sorgten auch nach dem Krieg immer wieder von Architekten entworfene Wohngebäude, meist Einfamilienhäuser, in Stahlbauweise. Als besonders markantes Beispiel soll hier eine Villa erwähnt werden, die Wolfgang Döring 1972 in Düsseldorf baute.

Das Haus basiert auf einem Tragwerk aus außen stehenden Stützen und dazwischen quer laufenden Fachwerkträgern. Alle Knotenpunkte sind gelenkig ausgeführt, die Konstruktion wurde durch teilweise sichtbare Windverbände ausgesteift.

Der weitere Ausbau erfolgte mit einer Trapezblechdecke sowie eingehängten Sandwichelementen. Wie bei Mies van der Rohes Villa Tugendhat wurde die komplette Südfassade im unteren, dem Wohnen dienenden Geschoss raumhoch verglast und somit zum parkähnlichen Garten geöffnet, während das als Kubus aufgesetzte obere Schlafgeschoss weitgehend geschlossen blieb.

Die Konstruktion der Villa war ein von Architekt und Bauherren gewolltes Experiment mit einkalkulierten Schwachstellen; aus heutiger Sicht müssen zudem der Wärmeschutz sowie das außen liegende Tragwerk mit zahlreichen Durchdringungspunkten der Fassade kritisch gesehen werden. Der faszinierenden Architektur des Hauses tut dies keinen Abbruch.

Seit Beginn der 1990er Jahre erlebte der architektonisch anspruchsvolle Wohnungsbau mit Stahl einen kleinen Boom. Immer mehr Architekten und Bauherren entdeckten den besonderen Reiz sichtbarer Stahlkonstruktionen, oft in Verbindung mit kontrastierenden Materialien wie Holz oder zum bewussten Erzeugen einer »kühlen« Atmosphäre.

Einführung in Konstruktion und Bauphysik von Stahlhäusern

Im Hauptteil dieses Buches werden Wohngebäude vorgestellt, die über eine sichtbar belassene, tragende Stahlkonstruktion verfügen. Als Stützen und Träger dieser meist skelettartigen Konstruktionen finden warmgewalzte Stahlprofile Verwendung.
Daneben gibt es einige weitere Arten von Stahlkonstruktionen, die sich zum Bau von Wohnhäusern eignen. Bei diesen bleibt die Tragstruktur allerdings nicht sichtbar. Sie wird im Wandaufbau »versteckt« und somit unbedeutsam für das architektonische Erscheinungsbild. Die wichtigsten Vertreter dieser Bauweisen sind Konstruktionen aus kaltverformten Blechprofilen sowie die Container- oder Raumzellenbauweise.
Die verschiedenen Stahlkonstruktionen, ihre konstruktiven Möglichkeiten, aber auch die wichtigsten bauphysikalischen Problemfelder des Einfamilienhausbaus in Stahlbauweise sollen im Folgenden näher erläutert werden. Blechprofil- oder Container-Häuser unterscheiden sich optisch prinzipiell nicht von Holz- oder Mauerwerksbauten, deren Wände verputzt oder verkleidet sind. Ihre Architektur gehört daher nicht zur Thematik dieses Buches, auf ihre Konstruktion soll dennoch eingegangen werden.

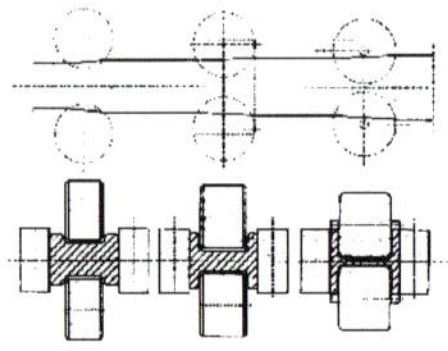

Warmgewalzte Stahlprofile erhalten in mehreren Schritten ihre endgültige Form.

Konstruktionen aus warmgewalzten Profilen

Wohngebäude, deren tragende Struktur in einem Skelett aus warmgewalzten Stahlprofilen besteht, werden seit den 1920er Jahren gebaut. Gründe für die Anwendung dieser Bauweise waren und sind ihre Architektur sowie die oft realisierbaren ökonomischen Vorteile. Während der Stahl früher meist hinter Putz oder Verkleidungen verschwand oder höchstens andeutungsweise gezeigt wurde, entdeckten ihn insbesondere in den 1990er Jahren immer mehr Architekten als interessantes architektonisches Ausdrucksmittel auch bei Wohnbauten.
Zur Anwendung kommen vor allem Doppel-T-Profile (IPE, HEA u.a.), aber auch U-Profile sowie Rechteckhohlprofile (auch Quadratrohre genannt). Hergestellt werden diese Profile durch das Walzen von Stahl unter hohen Temperaturen. Die verwendeten Walzen bilden die Negativform des gewünschten Querschnitts des Stahlprofils. In der Regel sind zur endgültigen Ausformung des Profils mehrere Walzvorgänge erforderlich.
Während Doppel-T-Profile aufgrund ihrer konstruktiven Ästhetik gerne eingesetzt werden, sprechen für Rechteckhohlprofile die besseren Anschlussmöglichkeiten von Wandflächen- und Ausbauelementen. Zur Überbrückung großer Spannweiten und wegen ihres filigranen Erscheinungsbildes werden Fachwerkträger verwendet, die aus mehreren Profilen zusammengesetzt werden.
Verbunden werden die einzelnen Stahlprofile über Schraub-, Steck- und Schweißverbindungen. Statisch erforderliche Schweißverbindungen sollten zur Gewährleistung der Nahtgüte unter Einhaltung besonderer Bedingungen im Werk hergestellt werden. Ihr Einsatz ist daher in der Regel auf die Produktion von Einheiten transportabler Größe beschränkt.
Mit Schraubverbindungen lassen sich einzelne Profile auf der Baustelle ökonomisch und schnell zum Skelett verbinden. Sie haben sich seit langer Zeit bewährt, die Vorarbeiten an den Profilen sind relativ unaufwendig: die Profile oder angeschweißte Hilfsmittel wie Laschen oder Kopfplatten werden mit den notwendigen Schraublöchern versehen. Diese werden oft als Langlöcher ausgebildet, um kleinere Maßtoleranzen ausgleichen zu können.
Schraubverbindungen lassen sich einfach wieder lösen, bei sichtbaren Konstruktionen überlegt eingesetzt, tragen sie zum konstruktiven Charakter der Architektur bei.
Von ihren Entwicklern mit den Argumenten Zeitersparnis und Reversibilität propagiert, kommen Steck- oder Schnellverbinder beim Bau von Wohnhäusern nur in Einzelfällen zur Anwendung. Sie haben hier auch wenig Sinn: der Aufwand zu ihrer Herstellung ist wesentlich höher als bei Schraubverbindungen und kompensiert nicht die

geringe Zeitersparnis auf der Baustelle.
Für die Ausbildung eines Stahlskeletts gibt es unterschiedliche Möglichkeiten: Bei zweiachsig tragenden Systemen stehen Stützen in einem bestimmten Raster, von Stütze zu Stütze verlaufen in zwei Achsen die Träger der Primärkonstruktion. Als Sekundärkonstruktion werden Träger oder Platten zwischen den Trägern des Skeletts verlegt.
In Reihe gestellte Rahmenkonstruktionen bilden häufig das Tragsystem für relativ schmale, lange Häuser. Die Rahmen überspannen meist die gesamte Breite des Gebäudes. Entweder stehen sie eng beieinander und integrieren die Hauptdeckenträger, zwischen denen die Sekundärtragkonstruktion der Decke angeordnet ist, oder die Hauptträger der Decke spannen von Rahmen zu Rahmen, zwischen den Hauptträgern verlaufen Nebenträger, parallel zur Rahmenkonstruktion.
Stahlskelettkonstruktionen müssen statisch ausgesteift werden. Dies kann durch biegesteife Eckausbildungen und Stützenfußpunkte (Einspannungen) geschehen. Häufiger ist jedoch die statisch gelenkige Ausführung dieser Punkte. Die Aussteifung übernehmen hier in vertikaler Ebene Diagonalverstrebungen, ausgemauerte Skelett-Gefache oder massive Kerne.
Zur Aussteifung in der Horizontalen können ebenfalls Diagonalauskreuzungen verwendet werden. Gut geeignet sind allerdings auch Massivdecken, die beispielsweise über Kopfbolzendübel mit der Stahlkonstruktion verbunden werden. Zwar können hier konventionelle Stahlbetondecken aus Ortbeton zum Einsatz kommen, ökonomischer sowie der Bauweise angemessener sind allerdings Stahlbetonfertigteildecken oder Stahlverbunddecken. Bei diesen werden Trapez- oder Holoribbleche in das Stahlskelett eingelegt und mit Beton vergossen. Diese bilden einerseits die Schalung, werden aber auch zum Bestandteil der Deckenkonstruktion. Sie übernehmen die Funktion der Bewehrung des Betons. Trapez- und Holoribbleche können unterseitig sichtbar bleiben oder verkleidet werden.
Zum Schutz vor Korrosion werden Stahlprofile oberflächenbehandelt. Im Außenbereich wird meist eine Feuerverzinkung aufgebracht, im Hausinneren reicht ein Schutzanstrich, der auch die gewünschte Farbgebung beinhalten kann.
Der raumbildende Ausbau eines Stahlskeletts aus warmgewalzten Profilen kann in Massiv- oder Leichtbauweise erfolgen. Seit den 1920er Jahren gebräuchlich ist das Ausmauern des Stahlskeletts mit – meist leichtem – Mauerwerk geringer Stärke. Dies ist nicht ganz unproblematisch, Rissbildungen durch unterschiedliches thermisches Verhalten sowie durch die fehlende Belastung des Mauerwerks sind hierbei keine Seltenheit. Um sie zu vermeiden, müssen statische Maßnahmen getroffen werden.

Oben: Rohbau des in diesem Buch vorgestellten Bungalows von Helmut Schulitz in Rotenburg: die Stützen stehen im gleichmäßigen Raster (S. 66).
Unten: Bau eines Stahlskelett-Hauses: zunächst wird die tragende Konstruktion erstellt (hier: in Reihe angeordnete Rahmen mit Fachwerkträgern), anschließend die raumbildende Fassade montiert und gedämmt, zum Schluss wird diese verkleidet.

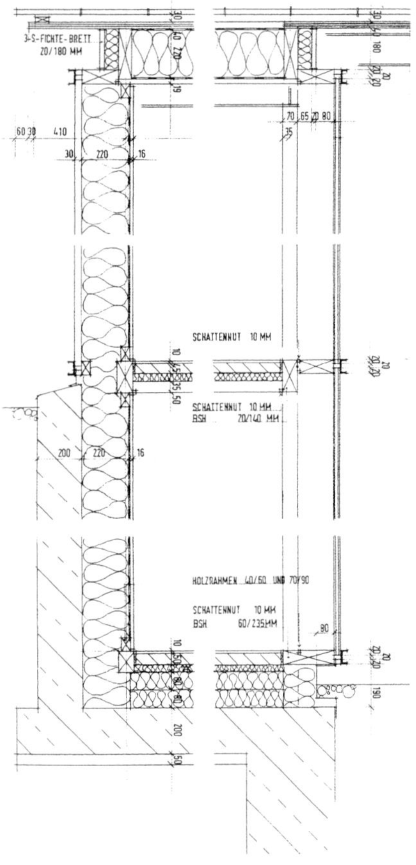

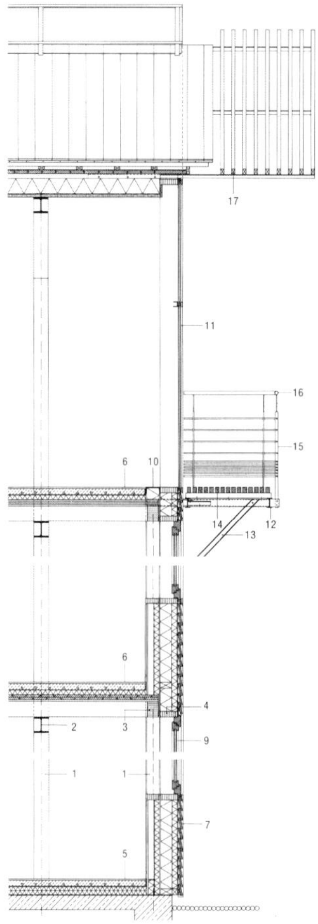

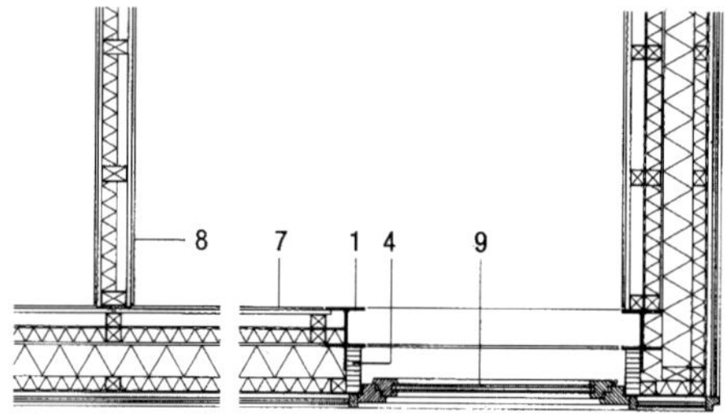

Wandquerschnitte verschiedener, im Hauptteil des Buches vorgestellter Stahlhäuser: einfach und kostengünstig bei Ingo Bucher-Beholz (ganz links), aufwendig und besonders qualitätvoll bei Reinhold Andris (Mitte und oben), außergewöhnlich bei Werner Sobek (siehe Seite 124).

Mitte und oben:
Fassadenlängsschnitt; Horizontalschnitt

1 Stütze HEB 160
2 Träger HEB 160 mit Kopfplatte 20 mm
3 Holzbalken BSH 120/160 mm
4 Pfosten/Riegel BSH 180/60 mm
5+6 Bodenaufbau UG bzw. EG und OG: Naturschiefer, 20 mm auf schwimmendem Estrich; Stahlbetondecke bzw. Holzdielen, 2 x 24 mm
7 Außenwandaufbau: Stülpschalung, Windsperre, Dämmung 60 + 120 mm, Spanplatte, Dämmung 60 mm, Dampfsperre, Spanplatte, Gipsfaserplatte
8 Innenwandaufbau, Gipsfaserplatte, Spanplatte, Holzständerwerk 100/60 mm, Dämmung 60 mm, Spanplatte, Gipsfaserplatte
9 Holzfenster
10 Querträger Stahlprofil U 160
11 Festverglasung
12 Balkonträger IPE 100 mit Querträger U 80
13 Diagonalabstützung
14 Kanthölzer 40/60 mm auf Lagerhölzern
15 Pfosten Flachstahl 10/30 mm mit Rundstäben
16 Handlauf Edelstahl
17 Sonnenschutz: Kanthölzer 60/40 mm, kesseldruckimprägniert

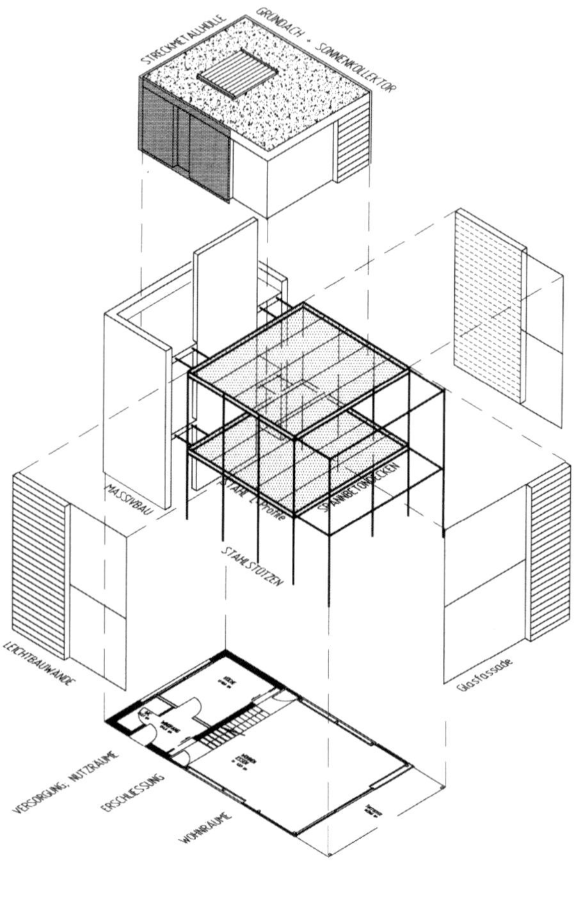

Links: Konstruktionssschema des auf Seite 46 vorgestellten Hauses von Boch + Keller, Darmstadt

Rechte Seite: Raumzellen werden im Werk vorgefertigt (links) und auf dem Bauplatz nur noch per Kran zusammengesetzt (rechts oben). Die fertigen Gebäude lassen in der Regel nichts von ihrer Bauart erkennen. Raumzellen rechnen sich nur bei höheren Stückzahlen, beispielsweise bei Reihenhäusern (hier: ALHO, rechts Mitte) oder Mehrfamilienhäusern mit gleichartigen Wohnungen – hier ein Beispiel, das 1998 von der OFRA Generalbau nach Plänen von Gruhl + Partner, Köln, erstellt wurde (unten).

Da die Ausmauerung ohnehin nur ihr Eigengewicht und Windlasten aufnehmen muss, bot es sich an, hierfür weniger tragfähige, dafür aber besser dämmende Baustoffe zu verwenden. So experimentierten einige Firmen mit Lehmbausteinen. Aber auch bei der Verwendung von Lehmbausteinen sind Rissbildungen, insbesondere auch Abrisse zwischen Lehm und Stahl, nicht auszuschließen.

Die raumabschließenden, nicht tragenden Außenwände der meisten Stahlhäuser bestehen aus leichten, wärmegedämmten Holzrahmenkonstruktionen. Auch die Innenwände von Skelettkonstruktionen müssen keinerlei Tragfunktionen übernehmen, Leichtbauwände in Trockenbauweise mit Holz- oder Blechständerwerk sind hierfür geeignet. Als Zwischendecken können Massivdecken wie oben beschrieben eingebracht oder Leichtbaudecken aus verschiedenen Holzwerkstoffplatten mit Trockenestrich hergestellt werden.

Auch für die Anordnung der Tragstruktur im Bezug zu den raumbildenden Wänden gibt es unterschiedliche Möglichkeiten: Das Stahlskelett kann in der Wandebene, außerhalb oder innerhalb von dieser stehen. Während die Anordnung im Wandaufbau eine ausreichend bemessene, außenseitig durchlaufende Wärmedämmung erforderlich macht, um eine Wärmebrückenwirkung der Stahlprofile zu vermeiden, muss bei außenliegenden Konstruktionen eine thermische Entkopplung von Fassadendurchdringungen vorgenommen werden.

Container- oder Raumzellenbauweisen

Die Containerbauweise, auch Raumzellen- oder Modulbauweise genannt, ist die Bauweise mit dem höchsten Grad möglicher industrieller Fertigung. In Fabriken werden einzelne Raumzellen vorgefertigt, diese werden zum Bauplatz transportiert, wo das Gebäude durch Stapelung zusammengesetzt wird. Prinzipiell können Raummodule über eine tragende Struktur aus Holz (in den USA gebräuchlich) oder Stahl verfügen. Auf dem deutschen Markt werden auch monolithische Konstruktionen aus Beton angeboten. Die Tragwerke der hier behandelten Stahlcontainer bestehen aus warmgewalzten Stählen, in der Regel Rechteckhohlprofilen. Stützen in den Ecken jedes Containers werden dabei mit Trägern entlang der Containerkanten verbunden. Statisch gesehen entsteht somit ein dreidimensionaler, ausgesteifter Rahmen.

Boden, Seitenflächen und Decke der Module

Links: Auch bei organisatorisch schwierigen Situationen kann die nahezu vollständige Vorfertigung von Vorteil sein – etwa bei innerstädtischen Dachaufstockungen. Hier geplant von Carmen Heiermann-Bauer, Dortmund, ausgeführt von der Thomas Treude GmbH in Celle.
Rechts: Containerbauweisen dienen vorwiegend zur schnellen und kostengünstigen Errichtung von Bürogebäuden (hier: ALHO, Morsbach)

werden üblicherweise in Leichtbauweise mit Holz- oder Blechprofil-Hilfskonstruktion ausgeführt. Auch das Einbringen von Stahlbeton-Platten ist möglich.
Die Größe der einzelnen Module ist vor allem durch den nötigen Transport vom Werk zum Bauplatz beschränkt: theoretisch möglich sind Breiten bis zu 6 Meter und Längen bis zu 20 Meter, dann ist allerdings ein teurer Schwertransport notwendig. Ökonomischer sind Längen bis 12 Meter, was für den Bau von Wohnhäusern in der Regel ausreicht.
Grundrisse müssen auf die Ausführung in Modulbauweise abgestimmt werden, das heißt, sie müssen sich in rechteckige Parzellen, deren Maße denen einer realisierbaren Raumzelle entsprechen, zerlegen lassen. Auch beim Ausbau muss die Segmentierung berücksichtigt werden.
Ökonomisch und bautechnisch sinnvoll sind Module erst, wenn auch der größtmögliche Teil des Ausbaus werksmäßig erfolgt. Ihre Vorteile liegen dann in der nahezu vollständigen Unabhängigkeit der Produktion von der Witterung, der erzielbaren, gleichmäßig hohen Qualität sowie den angenehmeren, somit auch effizienzsteigernden Arbeitsbedingungen. Zudem wird vor Ort Bauschutt vermieden, womit sich der schwierige Transport der sperrigen, aber leeren Container rechtfertigen lässt.
Die Bauzeit kann erheblich verkürzt werden, wenn im Werk bereits gebaut wird, während vor Ort Fundamente oder Keller erstellt werden.
Nach dem Aufstellen müssen lediglich noch Fugen geschlossen und Leitungen und Installationen angeschlossen werden. Innerhalb weniger Tage nach Erstellung sind Modulhäuser bezugsfertig.
Firmen, die sich in Europa mit Wohnbauten in Containerbauweise beschäftigen, kommen aus dem Industrie- und Objektbau. Sie befassen sich mit der Produktion von Baustellenunterkünften und sonstigen temporären Bauten. Von der Konstruktion her entsprechen diese den Wohnhaus-Modulen, die allerdings außenseitig gedämmt und verputzt oder verkleidet werden. Während Fugen bei temporären Bauten auch im Inneren nur reversibel abgedeckt werden und auch in anderen Detailpunkten der vorübergehende Charakter spürbar ist, kommen für Wohnbauten selbstverständlich dauerhafte Lösungen zur Anwendung.
Stimmen die Rahmenbedingungen, lassen sich aus Modulen sehr preiswerte Wohnbauten erstellen. Zu den Rahmenbedingungen gehört die Abstimmung der Planung auf die Bauweise, aber auch die notwendige höhere Stückzahl. Nicht ohne Grund handelt es sich bei den meisten ausgeführten Bauten um Reihenhäuser.
Prädestiniert sind vollständig ausgebaute Raumzellen zudem, wenn aufgrund äußerer Umstände die Erstellung auf der Baustelle nur kurze Zeit, am besten wenige Stunden, in Anspruch nehmen darf, beispielsweise für innerstädtische Dachaufstockungen.

Konstruktionen aus kaltverformten Blechprofilen

Bauweisen mit Tragstrukturen aus kalt verformten Blechprofilen werden in anderen Ländern – insbesondere Japan, Schweden, Canada und den USA – teilweise seit drei Jahrzehnten erfolgreich angeboten. In Deutschland, Österreich und der Schweiz führen sie bisher eher ein Schattendasein.
Die gängigen Systeme gleichen konstruktiv der Rahmenbauweise herkömmlicher Holzfertighäuser. Der Unterschied besteht im Material der Tragstruktur: statt Holzständern und -riegeln werden verzinkte Blechprofile verbaut, wie sie prinzipiell aus dem Trockenbau zur Erstellung leichter, nicht tragender Innenwände bekannt sind.
Verwendet werden C-, U- sowie S-Profile mit Blechdicken von 1,5 oder 2 Millimeter, in Einzelfällen 0,75 bis 4 Millimeter. Beim Standardwandaufbau stehen C-Profil-Ständer in U-Profilen, die mit einer Feuchtigkeitssperre (Bitumenbahn) auf der Betonbodenplatte oder -zwischendecke befestigt wurden. Den oberen Abschluss bilden S-(Sturz-)Profile. Die Verbindung der Blechprofile kann durch Schrauben, Nieten oder

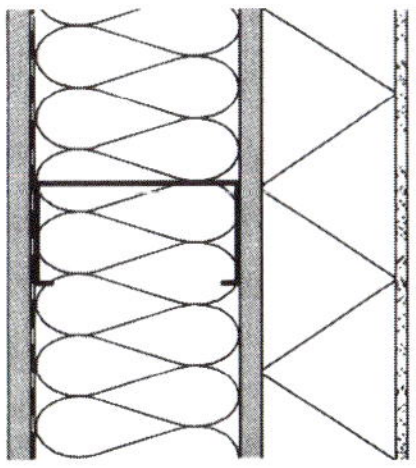

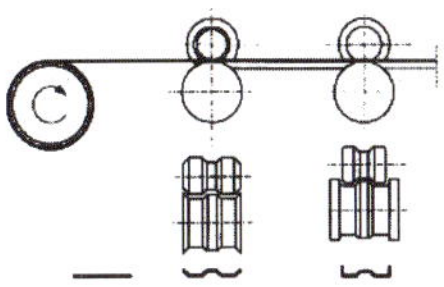

Ganz links oben und links: Ein typischer Wandaufbau mit Blechprofilkonstruktion: innere Beplankung, meist ein oder zwei Lagen Gipskarton; Dampfsperr- und Luftdichtheitsschicht; Blechständerwerk 150 Millimeter mit Zwischendämmung; äußere Beplankung (Spanplatte); Wärmedämmverbundsystem
Ganz links unten: Blechprofile werden durch Kaltverformen von Stahlblechen hergestellt.

Clinchen erfolgen. Unter Clinchen versteht man die Herstellung einer nicht lösbaren Verbindung durch Stanzen der aneinanderliegenden Bleche mit einem Stempel in eine Einpressform.
Der Abstand zwischen den Ständern beträgt üblicherweise 62,5 Zentimeter, bedingt durch die innere Beplankung aus zwei oder drei Lagen Gipskarton- oder Gipsfaserplatten sowie die gängige Breite von Dämmstoffen. Zum Einfügen von Türen und Fenstern können Auswechslungen vorgenommen werden.
Als Dämmmaterial findet Mineralwolle Verwendung, die zwischen die Ständer eingebracht wird. Außen wird das Blechständerwerk mit einer Holzwerkstoff-Trägerplatte beplankt, darauf ein Wärmedämmverbundsystem angebracht. Die äußeren und inneren Beplankungen übernehmen auch die Funktion der Aussteifung.
Die Innenwände gleichen herkömmlichen Trockenbauinnenwänden, mit dem Unterschied, dass sie hier teilweise statisch genutzt und dementsprechend bemessen werden. Für die Zwischendecken kommen andere Profile zur Anwendung, doch prinzipiell entspricht ihr Aufbau dem der Wände. Der Bodenaufbau besteht in der Regel aus einer Trägerplatte aus Holzwerkstoffen und einem darauf schwimmend verlegten Trockenestrich. Auch die Deckenträgerplatte übernimmt eine aussteifende Funktion.

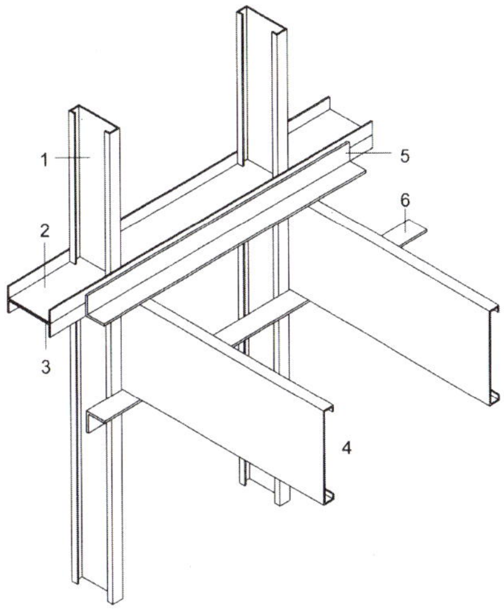

Fügungsprinzip Balloon-Framing
1 Tragende Stütze
2 Fußblech
3 Kopfblech
4 Deckenträger
5 Randauflager
6 Haltewinkel

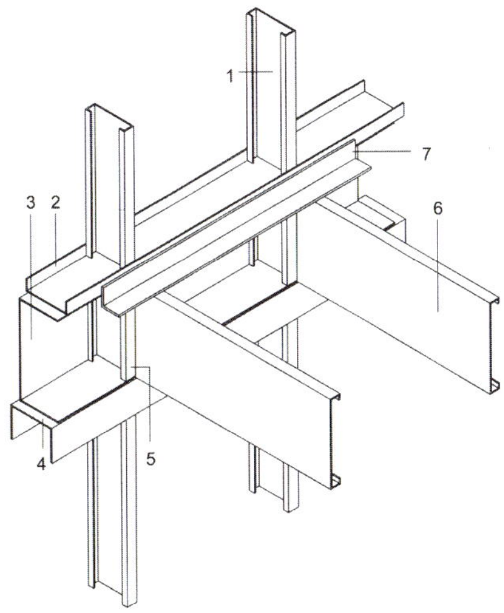

Fügungsprinzip Platform-Framing
1 Tragende Stütze
2 Fußblech
3 U-Profil-Abschluss
4 Kopfblech
5 Stegblechstreifen
6 Deckenträger
7 Randauflager

Links: Häusern mit Blechständerkonstruktion ist ihre Bauweise nicht anzusehen.

Rechte Seite: Durchstoßen Stahlträger ungetrennt die wärmedämmende Ebene, führt dies zu erhöhten Wärmeverlusten und gegebenenfalls zu Tauwasserausfall, wie dieser Rostschaden belegt. Er wurde an einem nicht in diesem Buch vorgestellten Haus aufgenommen.

Zu unterscheiden ist zwischen Balloon-Frame- und Platform-Frame-Konstruktionen. Beim Balloon-Framing werden über alle Geschosse durchlaufende Ständer verwendet, die Decken werden in diese eingehangen. Geschossweise werden die Wände bei Platform-Frame-Konstruktionen erstellt, die Decken werden auf die Wände aufgelegt, darauf wird dann das nächste Stockwerk errichtet.

Das System ermöglicht den gleichen Präfabrikationsgrad wie bei Holzfertighäusern. Theoretisch ist es möglich, sämtliche Wände und Decken inklusive Leitungen und Installationen komplett vorzufertigen. Vor Ort muss lediglich das Wärmedämmverbundsystem ergänzt werden, die Dampf- und die Luftsperre (hier in der Regel die selbe Schicht) müssen geschlossen werden und die Wandinnenoberfläche muss aufgebracht werden.

Die Praxis der auf dem Markt vertretenen Anbieter sieht anders aus, vorgefertigt werden in der Regel nur die mit der äußeren Holzwerkstoffplatte beplankten Blechständerkonstruktionen. Nach deren Aufstellen wird die Wärmedämmung eingebracht und die weiteren Schichten des Wandaufbaus werden hergestellt.

Doch es ist auch möglich, lediglich die einzelnen Blechprofile auf die Baustelle zu liefern und dort erst das Blechständerwerk zu errichten.

Wärme- und Tauwasserschutz

Die Wärmebrückenwirkung von Stahlbauteilen, die die Außenfassade durchstoßen, wird gerne heruntergespielt. Erst recht wird häufig vernachlässigt, dass auch Stahlbauteile, die lediglich in einem Teil des Dämmschicht-Querschnitts senkrecht zur Dämmebene verlaufen, als Wärmebrücke berücksichtigt werden müssen. Bei Holzskelett- oder Holzrahmenbauweisen sind ähnliche konstruktive Situationen anzutreffen, doch im Unterschied zu Holz, das selbst über ein relativ gutes Dämmvermögen verfügt, leitet Stahl Wärme nahezu ungehindert.

Durchdringungen der wärmedämmenden Ebene sind bei Konstruktionen aus warmgewalzten Profilen anzutreffen, wenn diese beispielsweise zum Tragen eines Balkons nach außen weitergeführt werden oder das Gebäude aufgeständert wird und die Stützen durchlaufen. Hierbei ergeben sich in der Regel wenige Durchdringungspunkte, die ohne große Bedeutung für den Energiebedarf bleiben.

Anders sieht es aus, wenn der Entwurf ein Skelett mit außenseitig angeordneten Stützen vorsieht. Dies kann eine größere Anzahl von Durchdringungen zur Folge haben. Aufgrund des relativ geringen Volumens eines Einfamilienhauses in Verbindung mit der relativ großen Gesamtquerschnittsfläche der durchlaufenden Träger kann sich hierdurch der Jahresheizwärmebedarf um mehrere Prozentpunkte erhöhen.

Die zweite Art von Wärmebrücken – »nicht durchgehende« Wärmebrücken – ist bei Konstruktionen aus kaltverformten Blechprofilen grundsätzlich anzutreffen. Übliche Wandaufbauten sehen ein 15 Zentimeter starkes tragendes Blechständerwerk vor, das innenseitig ein- oder zweilagig mit Gipskartonplatten und außenseitig mit einer Holzwerkstoffplatte beplankt wird. Auf diese wird ein Wärmedämmverbundsystem mit durchweg 8 Zentimeter Dämmung aufgebracht.

Neben dem namengebenden Problem der erhöhten Wärmeableitung ergibt sich aus Wärmebrücken prinzipiell die Gefahr von Tauwasserniederschlag und dadurch ausgelösten Schäden. Diese können von Rostansatz am Stahltragwerk über Schädigungen des Wandaufbaus bis hin zu Schimmelpilzbildungen reichen.

Durch die Absenkung der Innenoberflächentemperatur kann es im Bereich von Fassadendurchdringungen auch auf und in der Außenwand zu Tauwasserausfall und zu hierdurch bedingten Schädigungen kommen. Zur Verminderung der Wärmebrückenwirkung ist es sinnvoll, thermische Trennungen in der Ebene der Wärmedämmung vorzunehmen. Auf einfache Weise kann dies in gewissem Maße durch Lochung des Profilstegs geschehen – sofern statisch möglich. Doch es werden auch spezielle Bauteile angeboten, die in den unterbrochenen Träger mit Hilfe von Schraubverbindungen eingefügt werden. Die Elemente bestehen aus Keramik und enthalten Gewindestangen aus Edelstahl zur Aufnahme der Zugkräfte.
Grundsätzlich sollte das Wärmebrückenproblem weder dramatisiert noch verharmlost werden. In der Regel lässt es sich so weit minimieren, dass Schädigungen ausgeschlossen werden können und der Wärmeverlust auf ein Minimum reduziert wird.

Wärmespeichermassen in Leichtbauweisen

Häuser mit Stahltragwerk werden häufig in Leichtbauweise ausgebaut. Wie bei anderen nicht massiven Bauweisen sollte hierbei dem Temperaturverhalten der Innenräume, insbesondere dem sommerlichen Wärmeschutz erhöhte Aufmerksamkeit geschenkt werden. Massive Bauteile vermögen wesentlich mehr Wärme vorübergehend aufzunehmen als leichte. Als Außenbauteil bewirken sie zudem eine größere Temperaturamplitudendämpfung sowie eine günstigere Phasenverzögerung. Hiermit ist, bildlich gesprochen, der Zeitabschnitt gemeint, den die Wärme benötigt, um die Wand zu durchwandern.
Dies hat zur Folge, dass die Innenraumtemperatur bei Massivbauten geringeren Schwankungen unterworfen ist. Im Sommer werden niedrigere Spitzenwerte erreicht, im Winter findet eine geringere Auskühlung statt. Darüber hinaus sorgt die im Winter wärmere Innenraumoberfläche für eine höhere operative (empfundene) Raumtemperatur, mit der Folge, dass die Lufttemperatur geringer ausfallen kann als bei Leichtbauweisen. Hierdurch wird Heizenergie eingespart.
Aufgrund dieser Argumente erscheint es sinnvoll, auch in ein Haus mit tragender Stahlkonstruktion, dessen Ausbau komplett in Leichtbauweise erfolgen könnte, massive Bauteile einzubringen – die oft weitere positive Nebeneffekte mit sich bringen. Wird beispielsweise ein massiver Kern vorgesehen, kann dieser auch die Aussteifung des Stahlskeletts übernehmen. Massive Decken erhöhen nebenbei den Schallschutz. Gleiches gilt für Ausmauerungen der Außenwände von Stahlskeletten und ist hier insbesondere dann sinnvoll, wenn mit erhöhter externer Schallbelastung zu rechnen ist.
Kritiker merken hingegen an, dass sich die Innentemperatur ohne Speichermasse im Winter schneller nach den Wünschen der Bewohner regulieren lasse. In heißen Sommern könnten nachts angenehmere, kühlere Temperaturen erreicht werden, da keine gespeicherte Wärme an den Raum abgegeben wird.

Architektonische Möglichkeiten

Grundsätzlich sind Stahlskelettkonstruktionen in Bezug auf die Ausformung von Wänden und Dächern relativ variabel. Ob runde oder polygonale Formen möglich sind und wie aufwendig ihre Realisierung ist, hängt in der Regel eher von der für den Ausbau gewählten Konstruktion als vom Stahltragwerk ab. Generell gilt, dass individuell geformte und angepasste Bauteile selbstverständlich aufwendiger und somit teurer sind, als seriell fabrizierte Profile, die lediglich abgelängt werden müssen.
Bei Stahlskelettkonstruktionen aus warmgewalzten Profilen handelt es sich meist ohnehin um Einzelanfertigungen, für die jeder Träger und jede Stütze entworfen werden

muss. Höchstens Kleinstserien sind durch Repetitionen innerhalb des Skeletts möglich. Der Mehraufwand, den beispielsweise nichtrechtwinklige Grundrisse oder Tonnendächer verursachen, hält sich somit in der Relation betrachtet in Grenzen.
Heute übliche Blechständerkonstruktionen eignen sich systembedingt nicht für runde Formen. Auch wenn Hersteller damit werben, jeden beliebigen Entwurf realisieren zu können, ist dies aufgrund des großen Aufwands unökonomisch. Weniger kostspielig sind polygonale Grundrisse.
Raumzellenbauweisen sind prinzipiell auf Rechtwinkligkeit ausgelegt. Davon unbenommen bleiben die Möglichkeiten der im Inneren verwendeten nichttragenden Trockenbauwände. Weiterhin ist bei Containerbauten die dargestellte Notwendigkeit der Abstimmung des Entwurfs auf die Aufteilbarkeit in einzelne Module zu beachten.

Ökonomie des Stahlhausbaus

Eine Reihe der in diesem Buch vorgestellten Häuser überrascht durch ihre vergleichsweise günstigen Baukosten – ein bei Wohnhäusern in Stahlbauweise immer wieder anzutreffendes Phänomen. Dabei soll hier mit »günstig« nicht unbedingt gemeint sein, dass ein bestimmter Quadratmeterpreis unterschritten wird. Berücksichtigt man die oft hochwertige Ausstattung der präsentierten Objekte, relativieren sich oft auch zunächst hoch erscheinende Baukosten im Vergleich zu Gebäuden anderer Bauarten.
Falsch wäre es allerdings auch, Bauen mit Stahl mit kostengünstigem Bauen gleichzusetzen. Werden niedrige Baukosten erzielt, sind diese oft auf eine durchdachte Planung beziehungsweise auf ein logisches Gesamtkonzept, das Entwurf und Konstruktion umfasst, zurückzuführen.
Stahlkonstruktionen bedürfen ohnehin einer detaillierten Planung, sie sind somit geradezu prädestiniert für eine derartige Gesamtkonzeption. Regelmäßige Rastermaße verlangen nach einer klaren Struktur und einheitlichen Ausbauelementen.
Ein gern strapaziertes Schlagwort, wenn es um die Kostenvorteile von Stahlbauweisen geht, heißt Vorfertigung. Werden Arbeiten von der Baustelle in ein Werk oder eine Montagehalle verlagert und dort in rationalisierter Form durchgeführt, ist dies prinzipiell von Vorteil durch

– die Unabhängigkeit von der Witterung;
– die besseren Arbeitsbedingungen;
– die bessere Produktionslogistik;
– die höhere Maßhaltigkeit.

Aus diesen Punkten können höhere Qualität und kürzere Bauzeit, somit geringere Kosten und Folgekosten resultieren. Zu ihrer Realisierung sind allerdings die nötigen Voraussetzungen zu schaffen. Arbeiten lediglich von der Baustelle in eine Halle zu verlagern, aber genauso wie dort auszuführen, hat abgesehen von der Witterungsunabhängigkeit wenig Sinn.
Beim Wohnhausbau mit warmgewalzten Profilen wird in jedem Fall das Tragwerk so weit vorgefertigt, dass es auf der Baustelle nur noch zusammengesetzt werden muss (durch Schrauben oder Schnellverbinder). Die Größe der Einzelteile wird lediglich durch die Möglichkeiten des Transports bestimmt.
Zum Ausbau des Skeletts können Wandpaneele verwendet werden, die in Leicht- oder auch in Massivbauweise im Werk hergestellt werden, für Zwischendecken bieten sich beispielsweise Spannbetonelemente an.
Da die Lastenabtragung komplett über das Tragwerk erfolgt, kann das Gebäudeinnere nahezu völlig frei geplant werden. Hier können relativ einfache, preiswerte Konstruktionen gewählt werden, bis hin zu simpelsten, wenige Zentimeter starken Wand- oder Deckenaufbauten. Diese erfüllen unter Umständen nicht die üblichen Anforderungen an derartige Bauteile – beispielsweise in schallschutztechnischer Hinsicht – was für viele Bauherren von Einfamilienhäuser aber durchaus akzeptabel ist. Vorherige genaueste Absprache zwischen Bauherrschaft und Architekt ist hier allerdings unverzichtbar.
Aufgrund der Befreiung der Fassaden und Innenwände von ihrer tragenden Wirkung bieten Stahlkonstruktionen zudem Sparmöglichkeiten, wenn der Ausbau des Skeletts zumindest teilweise in Eigenleistung vorgenommen wird.
Ein weiterer Kostenvorteil kann sich durch die Variabilität der Bauweise ergeben, wenn nach einigen Jahren veränderte Nutzungssituationen Umbaumaßnahmen erforderlich machen. Innenwände können dann nach Belieben versetzt, Fassaden und Zwischendecken geöffnet werden, ohne dass Auswirkungen auf die Statik zu berücksichtigen wären. Diese Flexibilität trägt zudem zum Werterhalt des Hauses bei.

Die Projekte

Abkürzungen der Raumbezeichnungen in den Grundrissen:

Ab	Abstellraum
An	Ankleide
Ar	Arbeiten
Azg	Aufzug
Ba	Bad
Bk	Balkon
Bü	Büro
Ca	Carport
Di	Diele
Eg	Eingang
Elg	Einlieger
Es	Essen
Fi	Fitnessraum
Gg	Garage
Ht	Haustechnik
Hw	Hauswirtschaft
Hzg	Heizung
Ihf	Innenhof
Ke	Keller
Kü	Küche
Lih	Lichthof
Lu	Luftraum
Mu	Musikraum
Sa	Sauna
Schl	Schlafen
Si	Sitzplatz
Te	Terrasse
Tk	Technik
We	Werkstatt
Wg	Wintergarten
Wo	Wohnen
Zi	Zimmer

Unkonventionelles Doppel

Unkonventionell in mancher Hinsicht ist das Doppelhaus, das die Konstanzer Architektin Johanna Rosa-Cleffmann für zwei Familien mit zwei beziehungsweise drei Kindern in Mainz plante. Sowohl der klar strukturierte Entwurf als auch die gewählte Konstruktion des Stahlskelettbaus heben sich deutlich von üblichen Vertretern des Genres »Doppelhaus« ab.
Das Baugrundstück liegt in einem heterogenen Wohngebiet ohne besondere städtebauliche Vorgaben. Um einen möglichst großen Teil der Parzelle als Freifläche zu erhalten, plante die Architektin einen langgestreckten, schmalen Riegel an deren Nordseite. Dieser gliedert sich in einen 2 Meter breiten, massiven Erschließungs- und Sanitärtrakt sowie einen 4 Meter breiten Gebäudeteil, in dem die Wohnräume untergebracht wurden. Ungewöhnlich hierbei: die Schlafräume wurden im Erdgeschoss angeordnet, während im Obergeschoss ein großzügiger Allraum mit Koch-, Ess- und Wohnbereich als Mittelpunkt des Familienlebens dient. Ein Balkon mit Treppe zum Garten erweitert den Innenraum ins Freie.
Dem Raster des Stahlskeletts von 4 x 4 Metern folgend, nehmen die Schlafräume zur Zeit jeweils ein Rasterfeld ein. Doch der perfekt auf die Bauweise abgestimmte Entwurf bietet durch seine große Flexibilität viele Möglichkeiten, sich ändernden Bedürfnissen der Bewohner anzupassen, Räume zusammenzuschalten, abzutrennen, zu vergrößern oder zu verkleinern.
Nach außen präsentiert sich der gemauerte Erschließungsriegel mit Putzfassade, während das innen sichtbare Stahlskelett der Wohnräume mit einer Pfosten-Riegel-Fassade verglast und mit horizontal ausgerichteten Lärchenholzlamellen verschalt wurde. Das »warme« Holz bildet hier einen reizvollen Kontrast zum »kühlen« Stahl. Die großflächige Verglasung ermöglicht durch die Ausrichtung der Längsfassade nach Süden die Erzielung solarer Wärmeenergiegewinne, der ausreichend bemessene Dachüberstand des Pultdaches sorgt für die nötige Verschattung im Sommer.
Das Haus besticht durch seine schlichte, klare Linienführung ebenso wie durch die Verwendung weniger, aber kontrastreicher Materialien.

Beide Geschosse haben direkten Zugang zum Garten. Das »warme» Holz steht im Kontrast zu »kühlem« Stahl und Glas.

Den Wohnräumen vorgelagert ein großer Balkon mit der Treppe zum Garten.

Linke Seite und oben:
Die Kombination von Stahl und Glas schafft lichtdurchflutete, weitläufige Räume für ein offenes Wohngefühl.

Blick in das Bad, das durch die Farbgebung einladend wirkt.

Konstruktion
Stahlskelett, ausgemauert; Zwischendecken aus eingelegten Stahlbetonfertigteilen; Erschließungstrakt Mauerwerk, verputzt
Wohnfläche
177 m² + 108 m² (jeweils zzgl. ca. 50 m² Nutzfläche)
Baukosten
ca. 400 000 €
Fertigstellung
2001

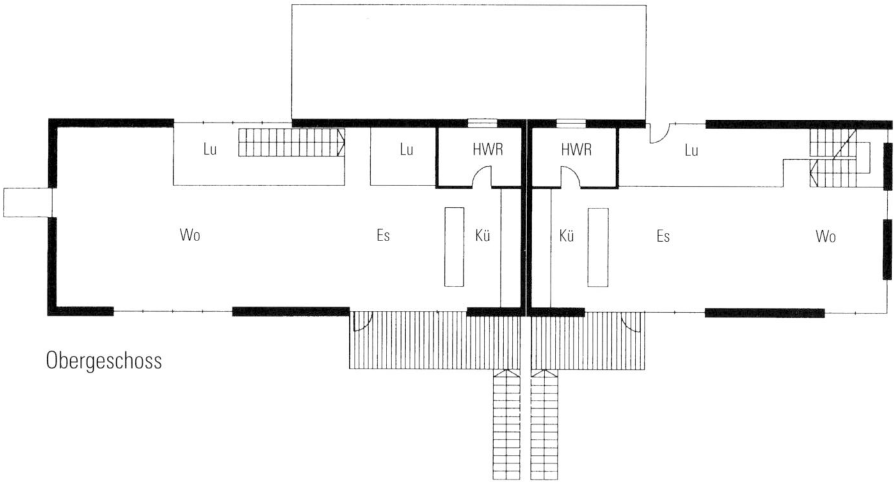

Obergeschoss

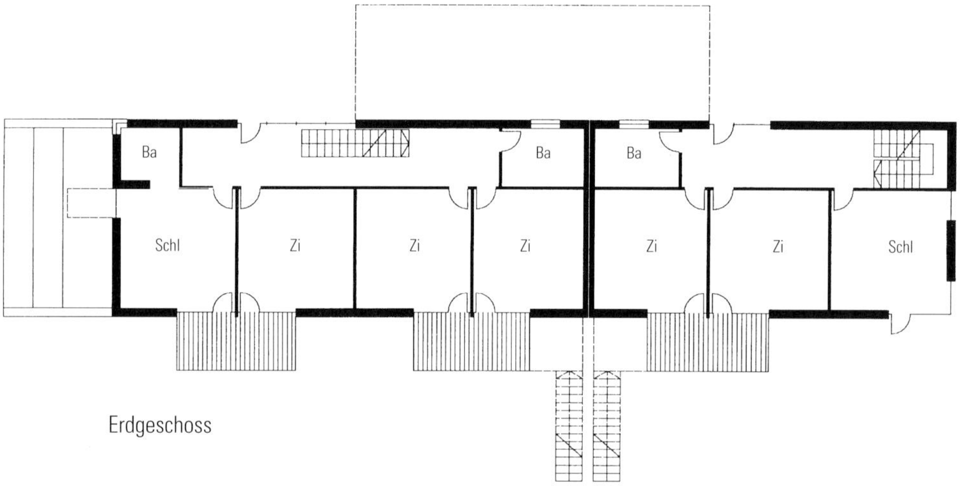

Erdgeschoss

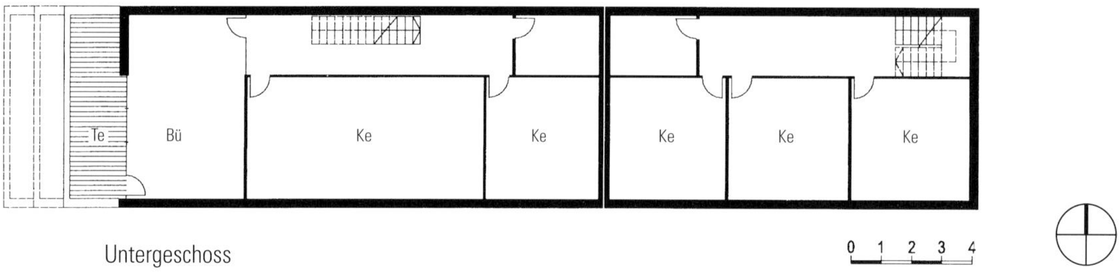

Untergeschoss

Oben: Im Obergeschoss öffnen sich die Wohnräume mit großen Glasflächen, während die Schlafräume unten eher geschlossen sind.

Links: Die Eingangsseite.

Rechts: Blick vom Treppenhaus in die offene Galerie.

Wiener Wohnskulptur

Oben und rechte Seite: Die schrägen Anschnitte des Obergeschosses sorgen für Verschattung der südlichen Gartenseite und fangen auf der nördlichen Eingangsseite Licht ein.

Dieses Haus ist anders: es wirkt wie eine Skulptur im Wald oder wie ein gelandetes Ufo – nicht aber wie ein schlichtes Einfamilienhaus mit integrierter Praxis. Es spaltet die Gemüter, man kann seine Architektur nur bewundern oder ablehnen. Dabei wirkt es, eingebettet zwischen Bäumen – trotz aller Extravaganz nicht aufdringlich und überzeugt mit vielen durchdachten, faszinierenden Detaillösungen.

»Solar Tube« nennt Architekt Georg Driendl seinen Entwurf und spielt damit nicht nur auf die charakteristische Bauform des Obergeschosses an, sondern auch auf das energetische Konzept des Hauses: Nutzbarmachen solarer Wärmeenergie im Winter einerseits, Schutz vor Überhitzung im Sommer auf der anderen Seite. Dieses Konzept beginnt außerhalb des Hauses: die um das Haus stehenden Laubbäume spenden während der heißen Jahreszeiten Schatten, im Winter ihres Laubes befreit, lassen sie die Strahlen der tief stehenden Sonne passieren und durch die großzügig verglasten Fassaden tief in das Gebäude eindringen.

Die markanten schrägen Anschnitte des röhrenförmigen Obergeschosses, scheinbar architektonische Spielerei, dienen einem ähnlichen Zweck: die sich nach oben öffnende Nordseite sorgt für eine ausreichende Belichtung der sonnenabgewandten Schlafräume, die nach unten gerichtete Südfassade lässt nur die tiefe Wintersonne ins Haus, während sie die hoch stehende Sommersonne abschirmt, auch gegen die Terrasse des Erdgeschosses.

Massive Betonbauteile im Inneren dienen als Wärmespeichermasse und tragen zusätzlich zu einem ausgeglichenen Klima im Gebäudeinneren bei.

Man betritt das Haus auf der nördlichen Schmalseite, wo es sich dreigeschossig präsentiert. Das untere Geschoss wurde als Sichtbetonsockel rückseitig in das leicht abfallende Gelände geschoben, hier fand die Praxis des Bauherrn Platz. Über eine einläufige Sichtbetontreppe gelangt man in das Erdgeschoss, einen lediglich durch die minimalistische Treppe zum Obergeschoss zonierten Allraum zum Wohnen, Kochen, Essen und Arbeiten.

Er öffnet sich im Bereich der Treppe bis unters Dach, dieses lässt sich wie das Schiebedach eines Automobils öffnen.

Im Mittelbereich der Ostfassade wurde eine über beide Wohngeschosse reichende Bibliothek angeordnet. Sie ist im Obergeschoss über eine Galerie zugänglich, die zudem der Erschließung der vier Wohnräume sowie der beiden Bäder dient. In den geschlossenen Bereichen der gewölbten Außenwände wurden offene Regalbretter montiert, die bei optimierter Raumausnutzung die innen konkaven Fassaden erlebbar belassen.

Oben: Von Westen wirkt Driendls Entwurf eher wie eine Skulptur im Wald, weniger wie ein Einfamilienhaus.
Rechts: Die filigrane Treppenkonstruktion zum Obergeschoss zoniert die Wohnebene.

Rechts: Im Mittelteil der Ostfassade befindet sich die über beide Wohnebenen reichende Bibliothek. Oberhalb der Galerie lässt sich das Dach wie das Schiebedach eines Automobils öffnen.
Unten: Der lichtdurchflutete Wohnraum nimmt das gesamte Erdgeschoss ein. Hier der Blick Richtung Garten.

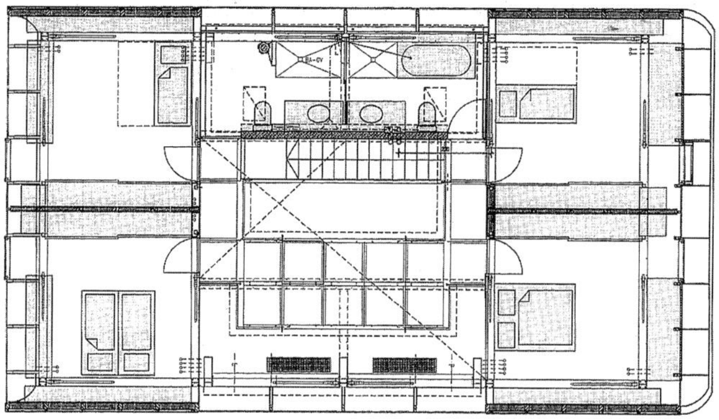

Obergeschoss

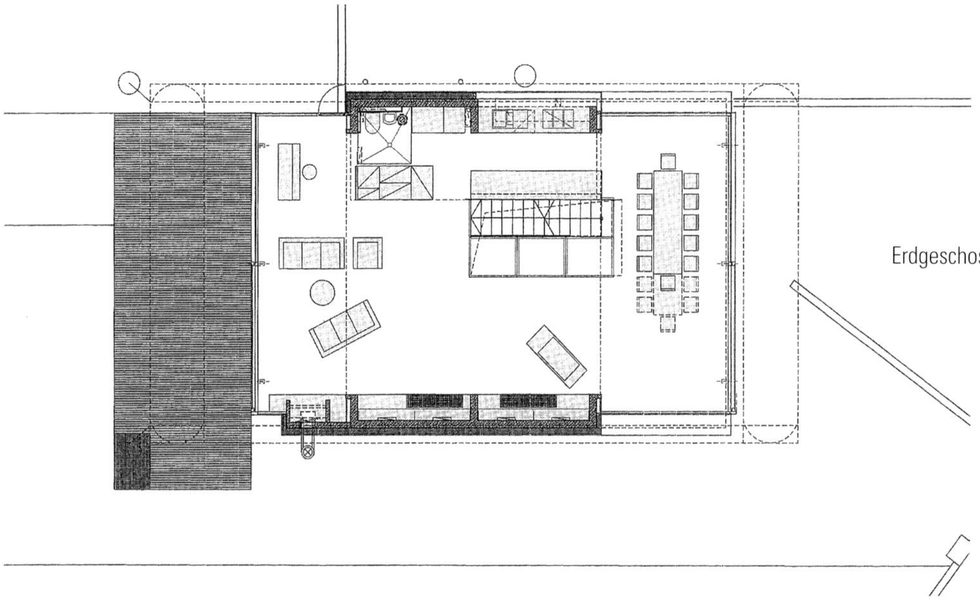

Erdgeschoss

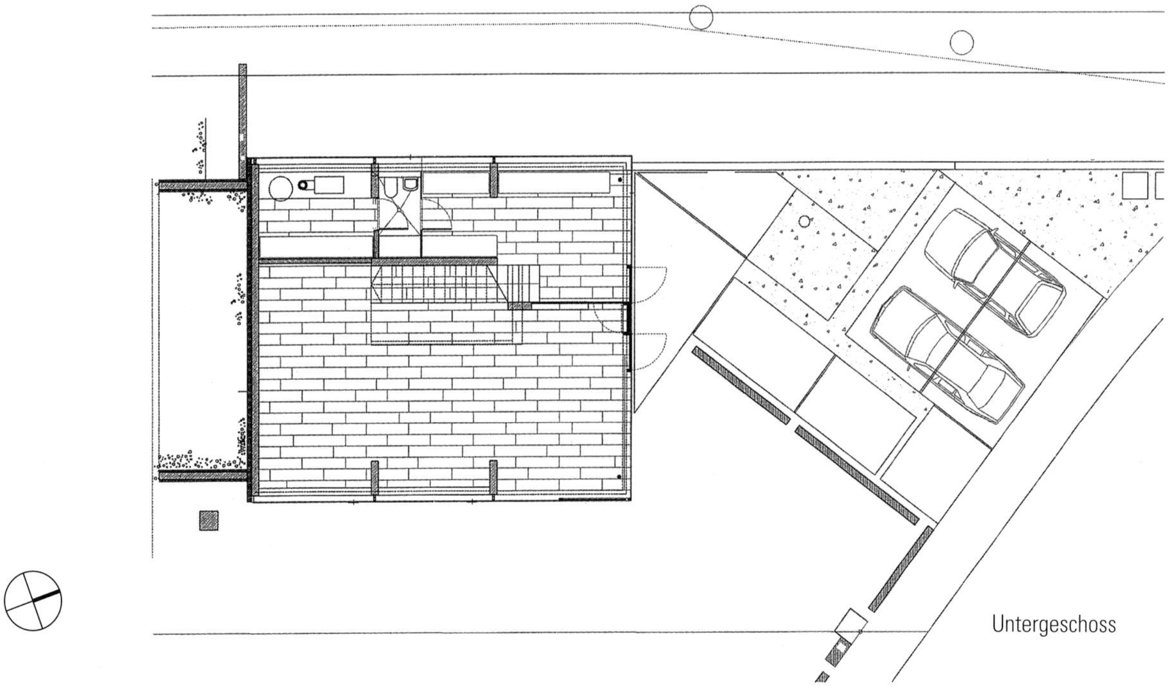

Untergeschoss

Konstruktion
Hanggeschoss Stahlbeton; darüber (EG+OG): Stahlskelettkonstruktion; Fassaden als vorgefertigte Holztafelelemente; Innenwände (transluzent): Holzrahmenkonstruktion mit einseitiger Verglasung und Papier-Wabenkonstruktion als Sichtschutz
Wohnfläche
208 m² (zzgl. 100 m² Nutzfläche)
Baukosten
ca. 470 000 €
Fertigstellung
2001

Rechts und unten: So ungewöhnlich wie sich das Haus als Gesamtheit gibt, zeigt es sich auch in seinen Details.

Solar Mount

Oben und unten: Der Kontrast von geschlossenen und verglasten Flächen prägt die Fassaden. Rechte Seite: Das Gebäude gibt sich als kubische, großflächig aufgeschnittene Struktur.

Steile Hänge stellen als Bauplatz seit jeher eine besondere Herausforderung für Architekten dar, so auch dieses Hanggrundstück in Wien. Georg Driendl nahm die Herausforderung an und entwarf in dem ihm eigenen Stil ein großzügiges Einfamilienhaus – auch wenn dieser profane Begriff hier nicht recht passen möchte. Nach außen gibt sich das vom Architekten »Solar Mount« genannte Gebäude nicht ganz so unkonventionell wie Driendls zuvor vorgestellte, skulpturale »Solar Tube«, doch spätestens an der Materialwahl im Inneren wird die Verwandtschaft der beiden Häuser deutlich.
Von der auf Höhe der Dachterrasse gelegenen Straße kommend, führt der Weg wahlweise über eine Rampe auf die Galerie des Wohnraums oder über eine steilere Treppe 60 Stufen nach unten zum seitlichen Eingang des Untergeschosses, das 10 Meter tiefer als Straßenniveau liegt. Der weitere Weg durch das Gebäude führt über die in den oberen Ebenen zentral angeordnete Treppe, die fünf Wohnebenen sowie die Dachterrasse als Splitlevels verbindet. Schon dieser Weg durch den kubischen Bau wird zum Erlebnis: aufgrund des unregelmäßigen Verlaufs der Treppenläufe und der konstanten Transparenz ergeben sich immer wieder neue Einblicke, Durchblicke und Ausblicke; Einblicke in die hellen, offenen Räume, die mit ihrer bis ins Detail durchdachten unkonventionellen Materialität extravagant und harmonisch zugleich wirken, Durchblicke zu den in allen Ebenen anschließenden Freibereichen unterschiedlicher Größe, in die die Innenräume dank großzügiger Verglasung der Fassaden nahtlos übergehen, und Ausblicke in und über die weitläufige Landschaft.
Von der Galerie des straßenseitig angeordneten zweigeschossigen Wohnraums gelangt man auf die Dachterrasse. Unter dieser befindet sich die Essküche mit Balkon, darunter der Schlafraum mit vorgelagerter Terrasse und einem zum Treppenraum offenen Bad. Im Untergeschoss fand neben Büro- und Technikräumen ein Schwimmbad Platz. Die Möglichkeit einen Aufzug nachzurüsten, macht das Haus trotz Extremsituation rollstuhltauglich.
Das tragende Stahlskelett blieb im Inneren weitgehend sichtbar. Schwarz gestrichen, setzt es sich deutlich von den wenigen übrigen Materialien ab, ohne jedoch zu dominieren. Vielmehr rahmen die linienartig erscheinenden Stahlstützen und -träger die flächigen Wände, Böden und Decken aus Holz, Stein und Glas. Ziel des Architekten war es, wie bei seinen anderen Wohnhäusern ein »symbiotisches Gesamtbild« zu komponieren, das auch die umgebende Natur und Landschaft in die Innenräume integriert.

Oben: Durch die Räume und weit in die Landschaft kann der Blick schweifen.
Mitte: Der flächige Einsatz weniger Materialien sorgt für eine ruhige, harmonische Atmosphäre.
Unten: Das Bad öffnet sich zum Treppenraum.

Oben und unten: Die Natur wird über Glasfassaden und das öffenbare Shed-artige Glasdach zu einem bestimmenden Element im Inneren.

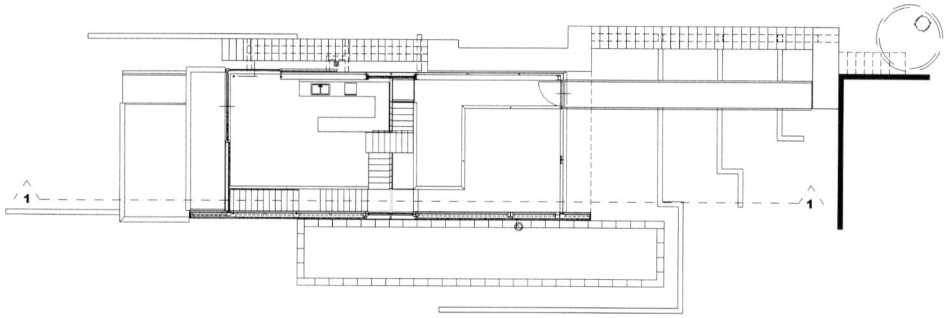

Obergeschoss

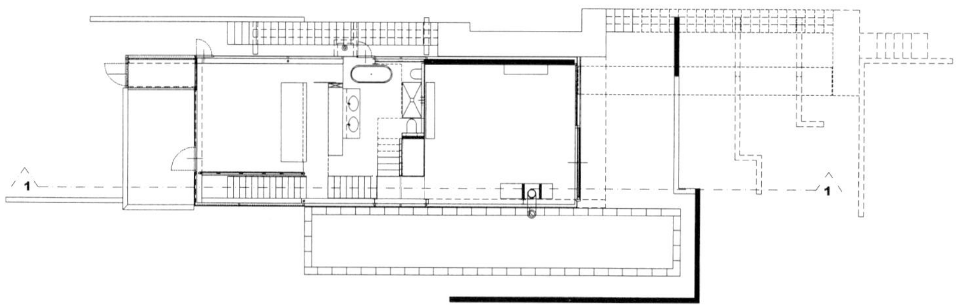

Erdgeschoss

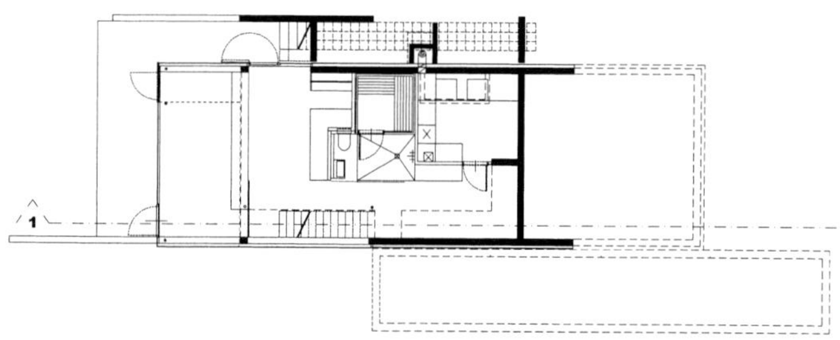

Untergeschoss

Oben: Über eine Rampe gelangt man von der Straße zur Galerie des Wohnraums.
Unten: Auf das Nötigste reduziert endet die Treppe im Untergeschoss.

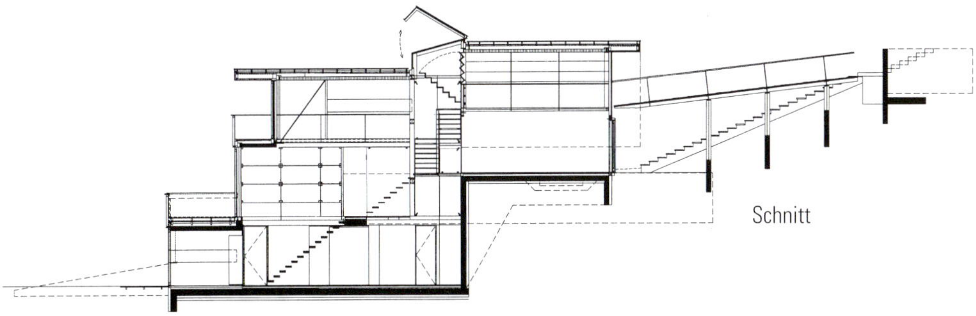

Schnitt

Konstruktion
Stahlbetonsockel; darüber: Stahlskelettkonstruktion; Fassaden als vorgefertigte Holztafelelemente; Innenwände teilweise Milchglas
Wohnfläche
200 m²
Baukosten
k.A.
Fertigstellung
2003

Intelligente Kombination

Unten und rechte Seite: Der großartige Ausblick trägt zur Wohnqualität des Hauses bei.

Ein Neubau mit Charakterzügen eines Fabriklofts war der Wunsch der Bauherren, als sie die Architekten Hermann Frank und Uwe Schulz um den Entwurf ihres Einfamilienhauses baten. Für das Baugrundstück am Ortsrand, eine Obstwiese in süd-westlicher Hanglage, machte der Bebauungsplan restriktive Vorgaben: er sah einen rechteckigen Satteldach-Bau in einem kleinen Baufenster an der Straße vor.

Die Architekten erfüllten die formalen Forderungen des Bebauungsplans ebenso wie den Wunsch der Bauherrschaft. Mit dem großen, rechteckigen Hauptraum des Hauses im oberen der beiden Geschosse, Wohn-, Ess- und Kochbereich in einem, schufen sie eine moderne Interpretation des Themas Loft.

Daneben entstand ein überzeugendes Beispiel für die intelligente Kombination verschiedener Baumaterialien. An jeder Stelle kam hier das konstruktiv sinnvollste Material zum Einsatz. So besteht denn auch nur ein Teil der Tragstruktur aus Stahl: der Hauptraum wird von sieben filigranen Polonceau-Trägern überspannt, die einseitig auf schlanken Rundstützen aufliegen. Somit wurde eine vollflächige Verglasung der Südwestfassade mit schmalen Holzprofilen ermöglicht. Der Raum öffnet sich vollständig zu der im Tal zu Füßen liegenden reizvollen Landschaft.

Der Fußboden des Raums wurde, gemäß der Idee vom Loft, mit grauer Kunststoffbeschichtung versehen. Quer zu den Polonceau-Trägern spannen sichtbar belassene Leimholzplatten, auf die Dämmung und Dacheindeckung aufgebracht wurden.

Hangseits wurde die Fassade mit einer Stahlbetonwand geschlossen und ein Kubus aus Sichtbeton eingeschoben, der den Schlafbereich aufnimmt. Diese massiven Betonbauteile schützen im Sommer durch ihre Pufferwirkung vor zu starker Überhitzung der Räume, während sie in kälteren Jahreszeiten als Wärmespeichermasse dienen und somit helfen, solare Wärmegewinne der großen Glasfassade nutzbar zu machen.

Im Untergeschoss fanden zwei koppelbare Kinderzimmer und ein Büroraum Platz, daneben einige in den Hang geschobene Kellerräume. Von außen wurde das Haupthaus mit unbehandelter Lärche verkleidet. Neben dem sinnvollen Einsatz der Baumaterialien ist es deren Sichtbarkeit, die diesem Haus eine besondere Qualität verleiht.

Oben und links: Die Südfassade wurde vollflächig verglast. Ein vorgelagerter Balkon gliedert die Fassade und lässt das Haus filigran erscheinen. Rechte Seite: Der Loft-artige Wohnraum wurde mit Polonceau-Trägern überspannt, diese auf Rundstützen aufgelagert.

Konstruktion
Polonceau-Träger auf Stahl-Rundstützen; hangseits Stahlbetonwände; Leimholzplatten als Sekundärkonstruktion im Dach; Stahlbeton-zwischendecke
Wohnfläche
174 m^2
Baukosten
ca. 380 000 €
Fertigstellung
1997

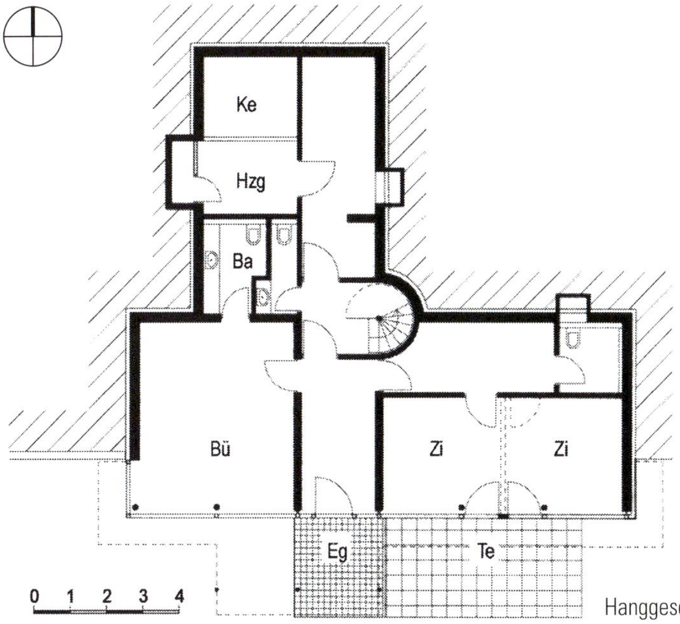

Hanggeschoss

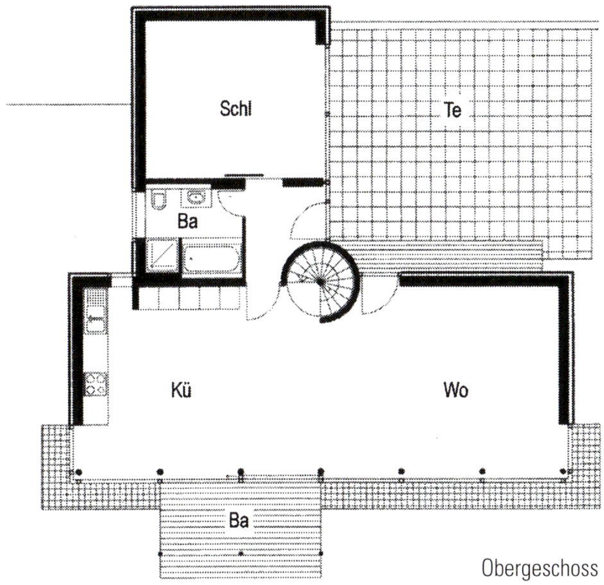

Obergeschoss

Wohnen und Arbeiten im Garten

Rechte Seite: Der schlichte Kubus löst sich optisch stufenweise auf.
Unten: Der Schlafraum erinnert mit seiner großen Dachterrasse an ein Penthouse.

Ihr eigenes Wohnhaus mit integriertem Büro bauten sich die Architekten Marion Boch und Peter Keller in einer Siedlung aus den 1960er Jahren. Gewünscht war schnörkellose, geradlinige Architektur, die kostengünstig und mit hohem Anteil an Eigenleistung realisiert werden konnte und zugleich als Referenzobjekt dienen sollte. Als Baugrundstück stand der Garten eines etwa dreißig Jahre alten Doppelhauses zur Verfügung. Die Architekten planten einen kubischen Baukörper, dessen begrüntes Flachdach einen Ausgleich für die überbaute Gartenfläche bildet.

In Anlehnung an die Bestandsarchitektur wurde der vordere, nördliche Teil des neuen Gebäudes als verputzter Mauerwerksbau ausgeführt. Dieses massive »Rückgrat« nimmt die Küche und die Sanitärräume auf. Es dient als Wärmespeichermasse wie auch als Aussteifung des anschließenden Stahlskeletts, das teilweise mit Lärchenholz verschalten Leichtbauwänden und andernteils mit Glas verkleidet ist.

So entstand ein Kubus, der sich von massiv bis skelettiert horizontal stufenweise auflöst. Den Großteil des Erdgeschosses nimmt der Wohnraum ein, von hier geht es ins erste Obergeschoss, wo neben Kinder- und Gästezimmer das Architekturbüro der Hausherren Platz fand. Bekrönt wird der Kubus von einem weiteren, kleinen Kubus, dem Schlafbereich. Davor wurde eine großzügige Dachterrasse angelegt.

Die Ausführung als Stahlskelett wurde von Marion Boch und Peter Keller vor allem wegen der schnellen Montage sowie der Möglichkeit, durch Eigenleistung Kosten zu sparen, gewählt. Während die Decken als vorfabrizierte Spannbetonelemente eingebracht wurden, erstellten die Bauherren die nicht tragende Holzleichtbau-Ausfachung der Außenwände selbst, ebenso den kompletten Innenausbau.

Das Haus gibt sich als sympathische, schlichte »Kiste«, die sich einerseits ohne Starallüren in den Bestand einfügt, andererseits aber ihre eigene formale Sprache spricht.

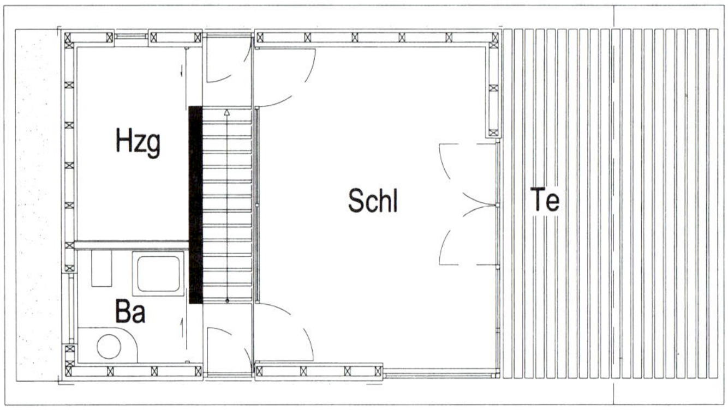

Dachgeschoss

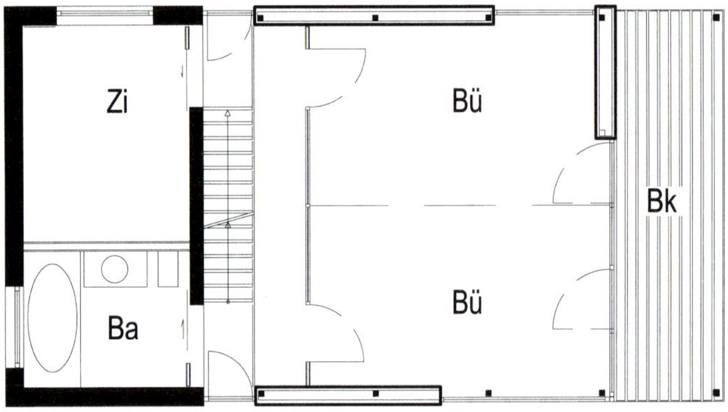

Obergeschoss

Erdgeschoss

Konstruktion
Stahlskelett aus verschiedenen Profilen; Ausfachung mit Holzleichtbauwänden mit Zellulosedämmung; Aussteifung über massiven Gebäudeteil aus Kalksandsteinwänden; Decken aus eingelegten Spannbetonfertigteilen
Wohnfläche (inkl. Büroraum)
173 m^2
Baukosten (ohne Architektenhonorar und Eigenleistung):
ca. 170 000 €
Fertigstellung
1996

Oben und Mitte: Den Großteil des Erdgeschosses nimmt der großzügige Wohnraum ein, der ebenerdig in den Garten übergeht.
Unten: Im Obergeschoss befindet sich das Büro der Bauherren. Rechts im Bild die minimalistische Treppe aus einseitig gelagerten Betonstufen.

Das schwebende Haus

Unten und rechte Seite oben: Das Haus wirkt, als würde es über dem Hang schweben.
Rechte Seite unten: Die nördliche Rückseite wurde weitgehend geschlossen, das Dach aber auch hier durch ein Glasband abgesetzt.

Ein rundum faszinierendes Wohnhaus entwarf Architekt Martin Cleffmann für die Familie eines Designers. Als langer, schmaler Riegel steht es senkrecht zum Hang, oberhalb eines kleinen Ortes in Bayern. Die talseitige, westliche Hälfte des Gebäudes wurde aufgeständert, sodass das gesamte Gebäude erscheint, als würde es schweben. Zu diesem Eindruck unendlicher Leichtigkeit tragen die schlanken Stahlstützen und -seile ebenso bei wie das fliegende Pultdach, das auch oberhalb geschlossener Fassadenbereiche durch ein Glasband vom Baukörper abgesetzt wurde. Aber auch die große, abgehängte Terrasse oder die Filigranität der Holz-Pfosten-Riegel-Fassade mit Aluminium-Anpressleisten unterstreichen ihn. Man betritt das Gebäude im Bereich der Aufständerung, der zugleich als Unterstellplatz für Fahrzeuge dient. Hier gelangt man in das in den Hang geschobene Untergeschoss in der östlichen Hälfte des Riegels und von dort über die längs verlaufende Treppe ins Erdgeschoss.

Das Innere des Hauses wurde durch das Raster der Stahlstützen von 4 x 4 Metern beziehungsweise 4 x 2 Metern klar gegliedert. Diese Gliederung wurde im Entwurf konsequent aufgenommen: entlang der Nordseite ist eine 2 Meter breite Erschließungszone angeordnet, die offen über die gesamte Länge des Hauses verläuft. An ihren Schmalseiten verglast, setzt sie sich in die Landschaft fort und wird auf der oberen Ebene in westlicher Richtung in Form einer abgehängten »Zugbrücke« nach außen weitergeführt, die Längsausrichtung des Gebäudes nochmals betonend.
Entlang der Erschließungszone wurden in der östlichen Gebäudehälfte in Erd- und Obergeschoss die Schlafräume aufgereiht, dem Stützenraster entsprechend 4 Meter im Quadrat groß. Im westlichen Teil des Hauses verschmelzen Erschließungs- und Nutzzone zu einem über beide Ebenen greifenden Allraum, der den Wohn-, Ess- und Kochbereich sowie eine Galerie auf der oberen Ebene umfasst.
Die tragende Stahlkonstruktion blieb im Gebäudeinneren sichtbar. Zwischenwände

Dem über beide Geschosse reichenden verglasten Wohnraum wurde eine großzügige Terrasse vorgelagert.

wurden lediglich in Stützenzwischenräume als Gipskarton-Ständerwände eingefügt, die Fassade in Holzleichtbauweise vorgesetzt und mit feingliedrigen Holzlamellen verkleidet.
Die Baukosten von weniger als 1000 Euro pro Quadratmeter zeigen auf, dass kostengünstiges Bauen keinen Verlust an architektonischer oder baulicher Qualität bedeuten muss, wenn Grundsätze wie klare Strukturen, Verwendung weniger verschiedener Materialien und einfache, aber durchdachte Konstruktionen zur Anwendung kommen. Die Entscheidung für eine Stahlskelettkonstruktion trug zur Umsetzung dieser Prinzipien bei.

Rechte Seite: Der Wohnraum wird von der stegartig durchlaufenden Erschließung des Obergeschosses durchzogen.

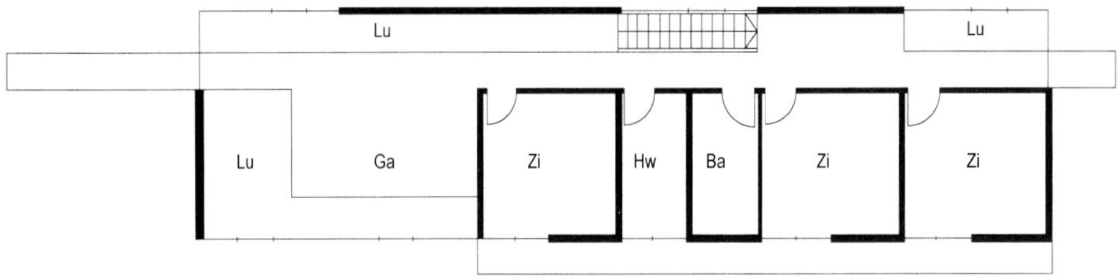

Obergeschoss

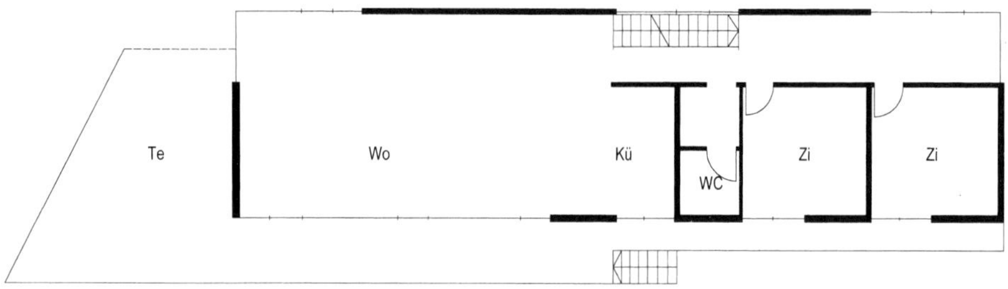

Erdgeschoss

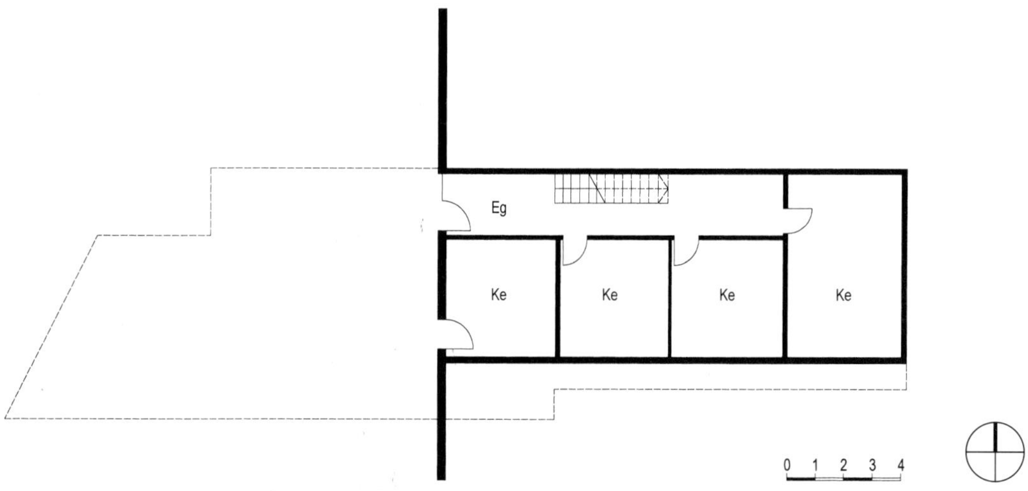

Untergeschoss

Von der Galerie oberhalb des Wohnraums gleitet der Blick über die weite Landschaft.

Konstruktion
Skelett aus durchlaufenden Stahlstützen (HEB 100) und stumpf anschließenden Trägern (IPE 200); Fassaden in Holzleichtbauweise; Decken aus Stahlbetonfertigteilen; Innenwände als Gipskarton-Leichtbauwände
Wohnfläche
311 m^2
Baukosten
ca. 300 000 €
Fertigstellung
1999

Würfel im Hang

Zwischen Kubus und Hang wurde der Eingangsbereich eingefügt.

Ein äußerst präzise durchdachtes architektonisches, bauphysikalisches und ökologisches Konzept bildete für den Architekten Jürgen Reichardt und seine Frau Anuradha die Grundlage für die Planung ihres Hauses.

Reichardt hatte ein »unbebaubares« Hanggrundstück erworben und sein Anliegen war, das zu bauende Wohnhaus mit Büro der Topografie anzupassen, nicht umgekehrt. So fing er den Hang mit einer Betonmauer ab, die so weit möglich der vorhandenen steilen Hangkante entsprach. An diese Stützwand setzte er sein Wohnhaus. Sein Entwurf sah einen zweigeschossigen Kubus über nahezu quadratischem Grundriss vor, in den hangseits ein kleinerer, eingeschossiger Kubus eingeschoben wurde. Dessen Dach dient zwischen zweitem Obergeschoss und Betonstützwand als atriumartige Dachterrasse. Zudem wurde zwischen Haus und Hang ein Eingangs- und Treppenraum eingefügt.

Durch die kompakte Kubatur ergab sich ein günstiges Verhältnis der Außenoberfläche zum Volumen (A/V=0,73). Das Dach wurde begrünt und mit Solarkollektoren zur Brauchwassererwärmung bestückt, weitere Elemente runden das ökologische Konzept ab.

Das vorgefertigte Stahlskelett aus Quadratrohrstützen und filigranen Fachwerkträgern ermöglichte die Realisierung stützenfreier Räume, die lediglich durch verschiebbare Trennwände oder leichte Einbauten unterteilt sind. Ein weiterer Wunsch war die großzügige Verglasung zu allen vier Himmelsrichtungen, auch hier hatte die gewählte Konstruktion Vorteile.

Ein gemauerter Installationskern, der die Nassräume und die Küche aufnimmt, dient der Aussteifung der Stahlkonstruktion.

Um diesen Kern wurden im Obergeschoss die Wohn- und Schlafräume gruppiert, während im Untergeschoss ein Gästezimmer sowie die Büroräume untergebracht wurden.

Das Stahlskelett wird komplett von einer Pfosten-Riegel-Fassade umhüllt. Deren geschlossene Bereiche wurden mit Holzständerwänden ausgefacht und mit naturbelassenem kanadischem Redwood verkleidet. Decke und Dach wurden als Holoribblech-Verbundkonstruktion mit Ortbeton ausgeführt.

Redwood-Fassade und Merbau-Parkett im Inneren stehen im Kontrast zur sichtbaren, weiß gestrichenen Stahlkonstruktion.

Auch die weitere Materialwahl überzeugt: Als Deckenuntersicht blieben die Holoribbleche sichtbar, ebenso wie sich die Betonstützmauer und der aus Betonstein gemauerte Kern zu ihrer Materialität bekennen.

In der Dämmerung zeigt sich besonders deutlich der Kontrast zwischen verglasten und mit Holz verkleideten Flächen der Fassaden. Innen werden die Fachwerkträger der Stahlkonstruktion sichtbar.

Oben: Das kubische Gebäude wurde in den Hang eingefügt. Vom Garten ist das begrünte Dach als »fünfte Fassade« sichtbar.
Unten: Vor das Stahlskelett wurde eine Pfosten-Riegel-Fassade gesetzt.

Erdgeschoss

Im Wohnraum ist die Konstruktion des Hauses bestimmendes Element.

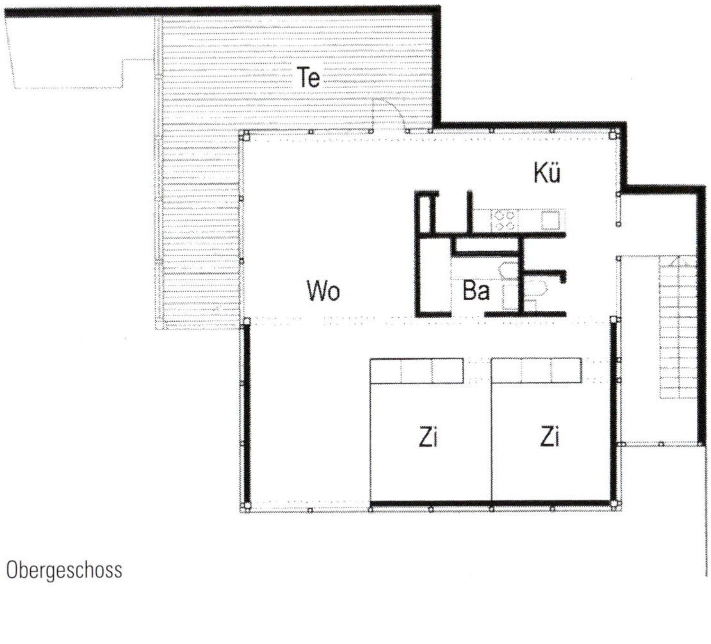

Obergeschoss

Konstruktion
Stahlskelett aus Quadratrohrstützen (140/140 mm) und Fachwerkträgern; gemauerter Kern zur Aussteifung; Ausfachung der Außenwände: Holzständerwerk mit Mineralfaserwolle-Dämmung, 180 mm Gesamtstärke; Außenverkleidung Redwood, 18 mm; innen Sperrholzbeplankung, 8 mm und Gipskarton, 12 mm; Decke/Dach: Holorib-Stahlbetonverbundkonstruktion
Wohnfläche inkl. Büro
ca. 200 m^2
Baukosten
ca. 300 000 €
Fertigstellung
1997

Perfekt eingefügt I

Satteldachhäuser mit roter Ziegeldeckung sind eigentlich nicht Helmut C. Schulitz' Sache. Doch die Bauherren waren froh, das große Grundstück am Rande eines Neubaugebiets, direkt an unverbaubare Wiesenlandschaft angrenzend, gefunden zu haben. Also ließ sich der Architekt nicht von den strikten Vorgaben des Bebauungsplans abschrecken und interpretierte sie auf seine Weise in einem Entwurf, der durch seine hohe Qualität überzeugt.

Zu planen war ein großzügiges Einfamilienhaus für zwei Personen. Die Wahl zwischen Holz- oder Stahlskelett entschieden Bauherrschaft und Architekt zugunsten der Stahlkonstruktion. Gründe waren deren Filigranität sowie persönliche Bezüge des Bauherrn zum Material.

Entsprechend der bewussten Wahl wird die Konstruktion im Inneren expressiv gezeigt. Besonders auffällig sind die quer durch das Haus verlaufenden Fachwerkträger, auf denen die Beton-Zwischendecke mit glatter Untersicht aufliegt. Auch die Stützen des Stahlskeletts sind sichtbar, ihre Flansche wurden oberflächenbündig in die Wände integriert. Die Wandflächen dazwischen wurden in Leichtbauweise, ihre Oberflächen als gestrichene Gipskartonplatten ausgeführt. Der Buchenholz-Fußboden kontrastiert mit dem Stahl der tragenden Konstruktion.

Das Erdgeschoss wird durch ein asymmetrisches Blickachsenkreuz in vier Bereiche gegliedert: den dominierenden, bis unter das Dach reichenden Wohn- und Essbereich, die Küche mit anschließendem Hauswirtschaftsraum und zwei Arbeitszimmer. Im Obergeschoss wurden an den beiden Giebelseiten die Schlafräume angeordnet, dazwischen auf einer Seite der Luftraum des Wohnbereichs, zur anderen Bad und Ankleide. Der First ist im Mittelbereich verglast, unter ihm verläuft ein Steg, der die beiden Giebelseiten verbindet.

Die Fassade wurde als Pfosten-Riegel-System komplett vom Tischler angefertigt und verglast bzw. gedämmt und mit Aluminiumwellplatten verkleidet. Der Vorgabe »rote Dachdeckung« wurde mit rechteckigen, ebenen Dachpfannen entsprochen.

Rechte Seite oben: Der »Kühle« der innen angeordneten Stahlkonstruktion wurde außen durch viel Glas, Aluminium-Wellblech sowie eine Stahlpergola entsprochen.
Rechte Seite unten: Das Haus steht am Rande einer Neubausiedlung und entspricht den formalen Vorgaben des Bebauungsplans.

Im lichtdurchfluteten Wohnraum blieb die Stahlkonstruktion sichtbar.

Über der Galerie des Obergeschosses wurde der First verglast.

Der südliche Giebel wurde mit viel Glas vollflächig geöffnet.

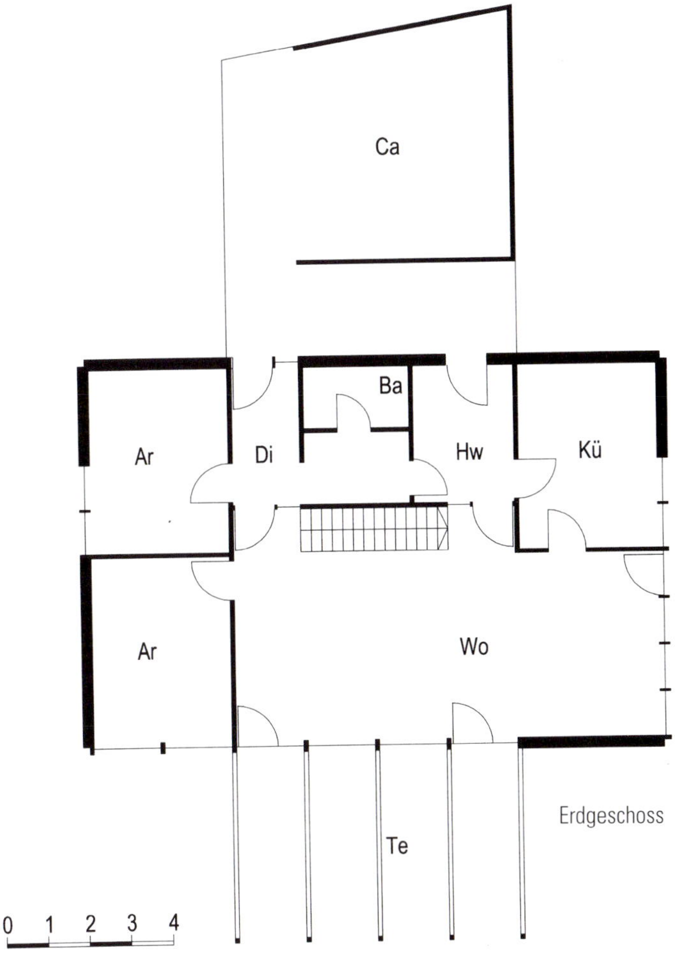

Erdgeschoss

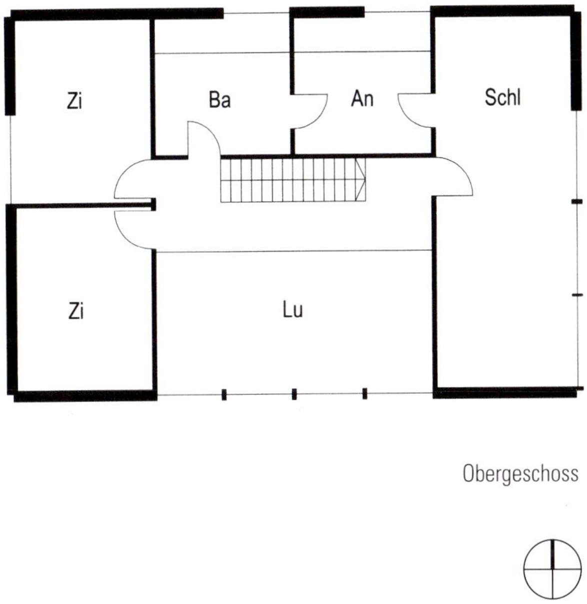

Obergeschoss

Konstruktion
Stahlskelett aus in Reihe gestellten, verbundenen Rahmen; Deckenträger als Fachwerkträger; Holz-Pfosten-Riegel-Fassade, nicht verglaste Flächen gedämmt und mit Aluminium-Wellplatten verkleidet, raumseitig Gipskarton; Innenwände als Gipskarton-Ständerwände; Zwischendecke Stahlbeton
Wohnfläche
ca. 200 m^2
Baukosten
ca. 330 000 Euro
Fertigstellung
1998

Perfekt eingefügt II

Oben: Der Entwurf passte sich dem Baumbestand an.
Rechte Seite: Außenraum und Innenraum verschmelzen zu einer Einheit.

An der Universität von Kalifornien entwickelte Helmut C. Schulitz in den 1970er Jahren eine neue Baumethode für den Wohnungsbau, die ausschließlich auf marktübliche Bauteile zurückgriff. Ziel der »T.E.S.T.« genannten Entwicklung war es, einen Standard zum Fügen unterschiedlichster Bauteile zu finden. Als ersten Versuchsbau errichtete er ein Wohnhaus in Stahlskelettbauweise auf einem Hanggrundstück in Beverly Hills.
In den 1990er Jahren realisierte Schulitz einige Wohnhäuser mit Holz- und Stahlskelett in Deutschland. Er blieb dabei seinem Konzept treu, einen hohen Präfabrikationsgrad anzustreben und marktgängige Großserienprodukte einzusetzen. Allerdings entstehen hieraus bei Schulitz keine Typenbauten wie bei anderen auf Vorfertigung ausgelegten Entwicklungen. Im Gegenteil, seine individuellen Entwürfe gehen perfekt auf die jeweilige Situation ein, wie das hier vorgestellte und das vorhergehende Haus zeigen.
Auf einer Waldlichtung, am Rande einer Neubausiedlung, entstand ein Flachdachbungalow, der sich so in den Baumbestand einfügt, dass möglichst wenige Bäume gefällt werden mussten. Entlang eines das Gebäude durchlaufenden, Glasshed überdachten Flures wurden zu beiden Seiten die einzelnen Räume addiert, ein Einlieger-Appartement an einer Außenecke angefügt. Tragendes Element der Konstruktion

Die Shed-Überdachung der Erschließungszone
holt Licht und Baumkronen ins Haus.

sind 7 Zentimeter breite Quadratrohrstahlstützen im Raster von 1,80 x 1,80 Meter. Zwischen diesen wurden unterspannte Träger angeordnet, auf die Stahl-Trapezblech als tragender Bestandteil des Dachaufbaus aufgelegt wurde.
Das Stahl-Skelett sowie die Untersicht des Trapezblechs wurden sichtbar belassen, die Fassaden weitgehend und großflächig verglast. So entstand eine Durchmischung des Innenraums mit dem Außenraum, die Natur wurde gleichsam ins Haus geholt und ihre Veränderungen im Verlauf der Jahreszeiten wurden erlebbar gemacht.
Ein interessanter Kontrast ergab sich zwischen den vorhandenen Bäumen und dem zwischen diesen eingefügten »Wald« aus im regelmäßigen Raster gesetzten Stahlstützen, zwischen Schönheit der Natur und Industriebauästhetik.
Auch die wenigen geschlossenen Fassadenflächen unterstreichen den »kühlen« Charakter des Hauses: die Ausfachung des Stahlskeletts in Holzleichtbauweise wurde mit Aluminiumwellplatten verkleidet.

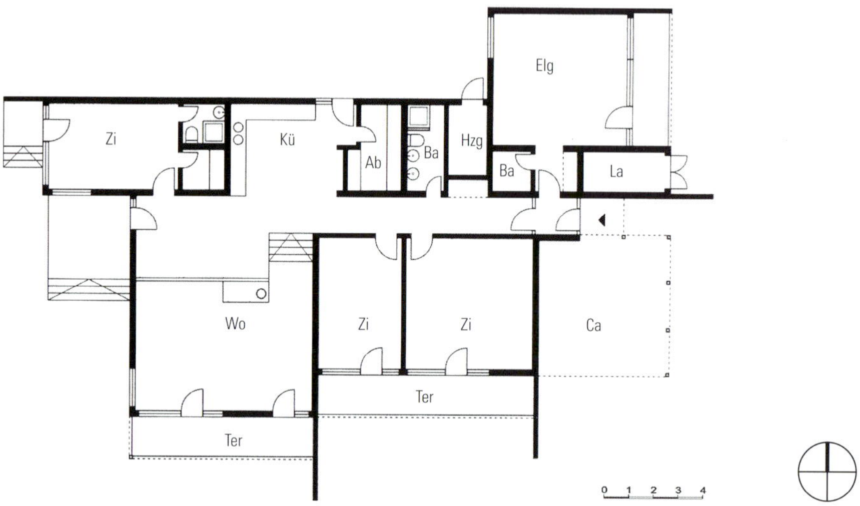

Stahl-Fachwerkträger und Trapezblechdachuntersicht stehen im Kontrast zur »ins Haus geholten« Natur außerhalb.

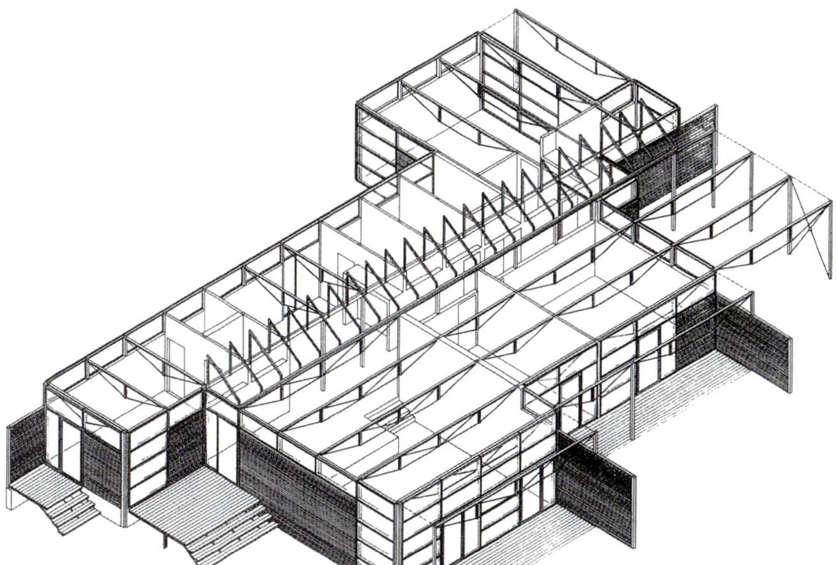

Konstruktion
Stahlskelett aus MSH-(Quadratrohr-)Stützen und unterspannten T-Profilen als Träger; Stützenquerschnitt 70/70 mm; Dachaufbau: Stahl-Trapezblech, Unterseite sichtbar, Dampfsperre, Gefälle-Wärmedämmung (min.16 cm), Bitumenschweißbahn als Dachabdichtung
Wohnfläche
240 m^2
Baukosten
ca. 300 000 €
Fertigstellung
1997

Edel(+)Stahl

Rechte Seite oben: Stahl und Glas bilden mit den geschlossenen roten Wandflächen eine graphisch anmutende Architektur.
Rechte Seite unten: Die beiden Flügel des Gebäudes umschließen einen Innenhof, von dem Stufen zum Garten führen.
Unten: Rot bestimmt die geschlossene Fassadenseite.

Der konstruktiv sparsame, aber architektonisch umso bedeutsamere Einsatz von Stahl ist charakteristisch für die Villa eines Ingenieurs aus Graz. Dieser ist Inhaber einer Firma, die mit Edelstahl handelt, und so lag es nahe, dieses Material auch in seine Wohnumgebung zu integrieren.

In einem Neubaugebiet errichtet, gibt sich das Haus relativ introvertiert. Eine umlaufende, auffällig rot verkleidete Wand mit wenigen Fensteröffnungen schirmt es zur Straße und zu den Nachbargrundstücken hin ab, das Dach wurde durch ein umlaufendes Oberlichtband abgehoben. Die Wohn- und Schlafräume gruppieren sich um einen Innenhof, zu dem sie sich über eine raumhohe Glasfassade öffnen.

Man betritt das Haus im Untergeschoss, über die Treppe oder mit Hilfe des Aufzugs gelangt man in die großzügige Diele. Hier kann man den Blick über den Garten schweifen lassen, rechter Hand befindet sich der Wohn-Ess-Bereich, zur Linken wurden das Schlafzimmer sowie ein Büro untergebracht. Über die vollflächig verglaste Fassade setzen sich die Innenräume in den anschließenden Außenraum fort. Ein Sauna- und Fitnessbereich fand im Untergeschoss Platz, ebenso wie die Garage und diverse Lagerräume.

Architekt Ernst Giselbrecht widerstand der Versuchung, den markant glänzenden Edelstahl großflächig, mit der Gefahr des Banalisierens einzusetzen. So wurden lediglich die tragenden Rundstützen sowie die Stützen im Bereich des umlaufenden Oberlichtbands in dem Material ausgeführt. Zudem wurde die rot lasierte Dreischichtplatten-Verkleidung der Außenfassade mit filigranen Edelstahlleisten unterteilt. Besonders hier zeigt sich die Absicht des Architekten, mit Hilfe des Stahls die übrigen Materialien besonders herauszuarbeiten.

Die Oberflächen der Wände und Decken wurden in Weiß gehalten, für den Holzfußboden fand Doussie-Holz Verwendung. Durch den Einsatz weniger, zurückhaltender und großflächig verarbeiteter Materialien, in Kombination mit dem sparsamen Gebrauch des auffällig kontrastierenden Edelstahls erhielt dieses Haus seine besondere Ästhetik.

Der sparsame, aber akzentuierte Einsatz von Edelstahl bestimmt die Architektur des Hauses im Detail wie in der Gesamtansicht.

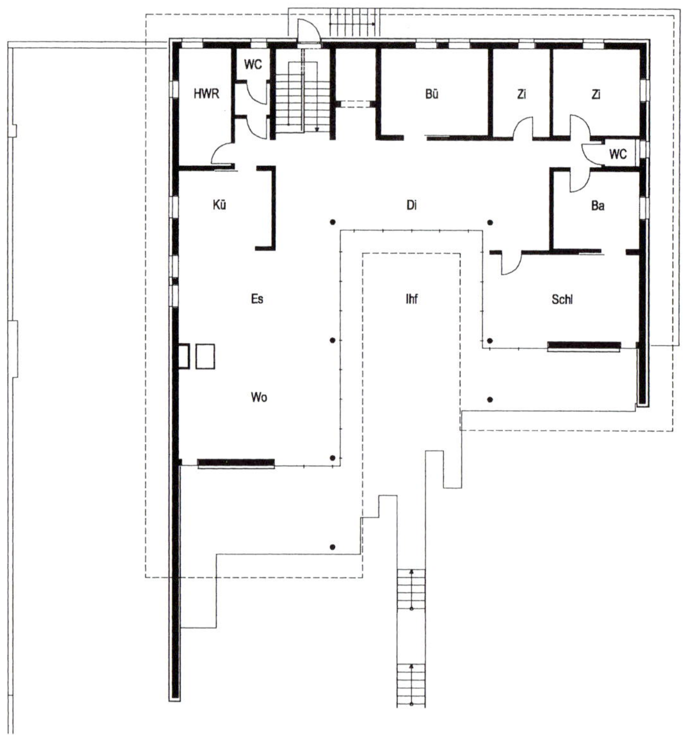

Erdgeschoss

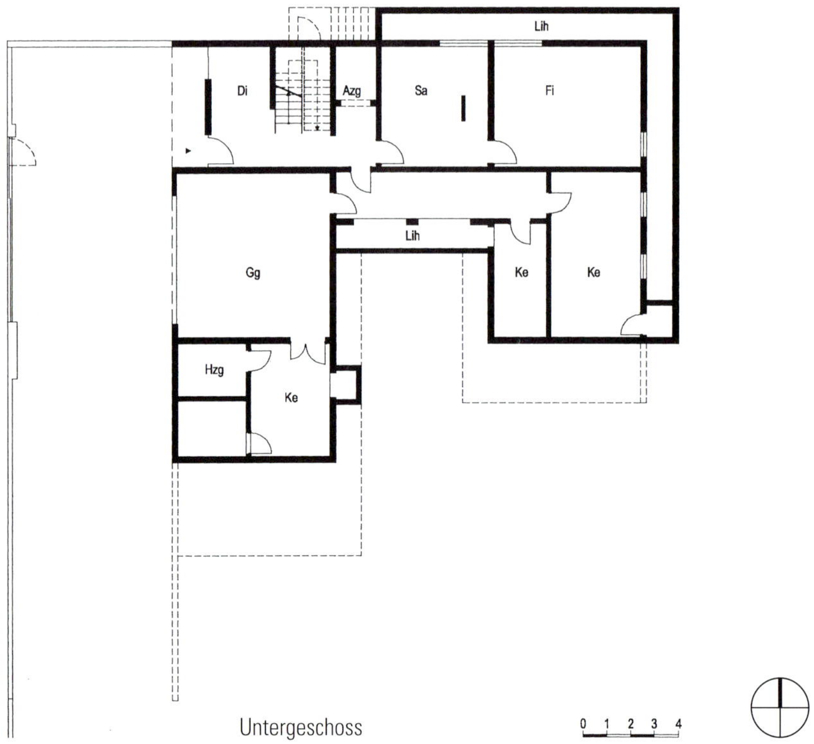

Untergeschoss

Konstruktion
Rundstützen aus Edelstahl, ausbetoniert; nach außen: Stahlbetonwand mit vorgehängter Fassade aus Dreischichtplatten, darauf Edelstahlrundstützen; Hohldielendecke
Wohnfläche
290 m² zzgl. 120 m² Nutzfläche
Baukosten
ca. 725 000 €
Fertigstellung
2001

Oben: Blick in die noch unmöblierten Wohnräume.
Mitte und unten: Der Innenhof öffnet sich in die freie Landschaft. Das Grün der Birken schließt im Sommer den Gartenhof optisch ein. Abends, wenn das Licht eingeschaltet ist, wirkt der Baukörper wie eine moderne Laterne in der Landschaft.

Tausendfüßler am See

Neben dem Wohnhaus fand das Büro des Bauherrn Platz.

Es macht aus der Ferne den Eindruck, als wolle es jeden Augenblick davonlaufen, mit seinen langen, dünnen Beinen den Glienicker See, an dessen Ufer es steht, durchwaten und sein Grundstück in unberührtem Zustand zurücklassen.
Nähert man sich dann dem Haus des Architekten Franz Jechnerer, erzählt es viel über seine Konstruktion: Ein schlankes Stahlskelett mit Tonnendach übergreift untergestellte und eingeschobene Volumina, deren Fassade großzügig verglast oder mit Holz verkleideten Leichtbauwänden geschlossen ist. Der vom Wohnhaus durch die abgetreppte Außenerschließung getrennte, schmale Bürotrakt wurde in Beton ausgeführt. Ebenso das in den Hang geschobene Untergeschoss.
Überwindet man die ersten Stufen der Außentreppe und betritt das Haus im Erdgeschoss, kommt man in eine zweigeschossige, bis unter das Dach reichende Halle. Sie dient als Erschließungs- und Essbereich, der eingeschossige Wohnbereich sowie die offene Küche schließen an. Die Unterteilung des Geschosses erfolgt durch eingestellte Möbel. Ebenso wie das Haus wirken sie leicht verschiebbar, doch ebenso wie das Haus stehen sie unbeweglich – sie wurden gemauert.
Eine frei im Raum stehende Wand teilt die Halle in Längsrichtung. An ihr führt eine Treppe ins Obergeschoss. Hier befinden sich das großzügige Elternschlafzimmer hangseits sowie zur Seeseite der Kinderbereich, beide verbunden mit einem Holzsteg, der durch die Halle verläuft.
Im Untergeschoss – auf Straßenniveau – fanden eine Einliegerwohnung sowie ein Sauna- und Badebereich Platz. Dieser ist über einen kleinen Lichthof mit der ebenfalls in den Hang geschobenen Garage verbunden.
Während die Nordseite weitgehend geschlossen wurde, öffnet sich das Haus zum Garten im Süden und zum See im Westen. Hier wurde eine filigrane Pfosten-Riegel-Fassade montiert. Ihre tragenden Elemente aus Holz bilden mit den Schiefer-Fußböden und dem Stahl der Tragkonstruktion eine gelungene Materialmischung. Die Anpressleisten der Fassade aus Aluminium auf der Außenseite hingegen unterstreichen den technoiden Gesamteindruck. Das architektonisch ungewöhnliche Gebäude ist ein gelungenes Beispiel dafür, wie sich mit dem schweren Material Stahl elegante Leichtigkeit erzeugen lässt.

Oben und links: Als schlankes Stahlskelett über verglasten und geschlossenen Volumina zeigt sich das Haus dem Betrachter.

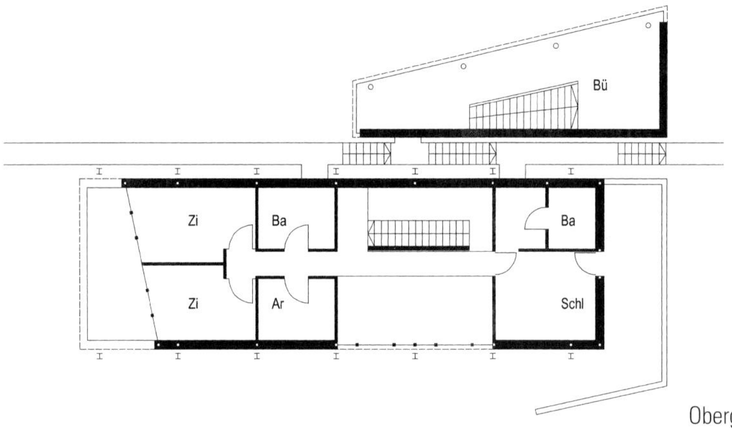

Obergeschoss

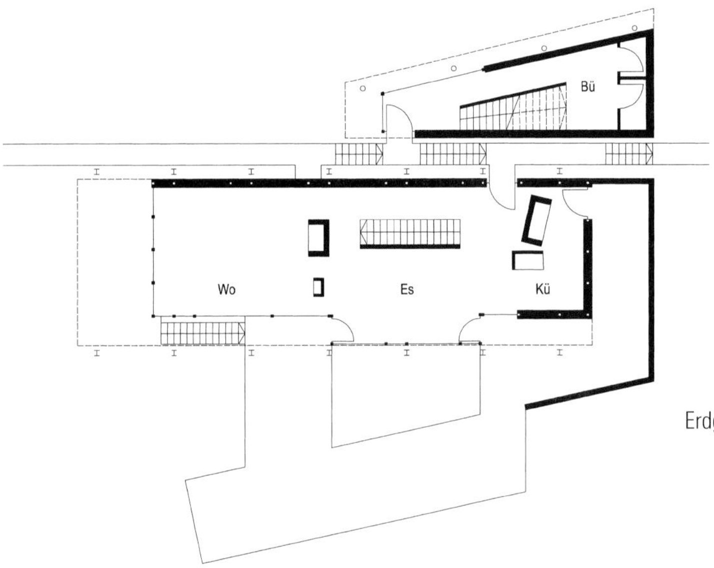

Erdgeschoss

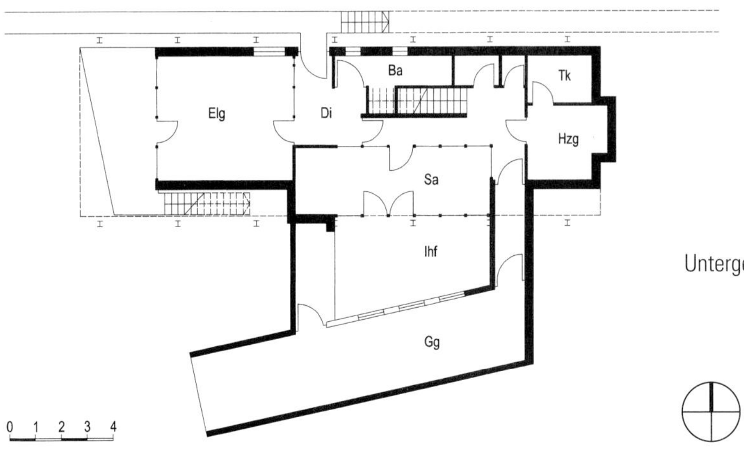

Untergeschoss

Konstruktion
Außenliegendes Stahlskelett; nichttragende Außenwände in Holzleichtbauweise; Untergeschoss Stahlbeton, Decken Beton (zwischen UG und EG), Furnierschichtholz auf Stahlträgern (zwischen EG und OG)
Wohnfläche
236 m²
Baukosten
k. A.
Fertigstellung
1998

Rechts: Vom Kinderbereich blickt man über den Steg zum Elternschlafraum.
Unten: Die scheinbar lose eingestellten Möbel im Erdgeschoss – hier zwischen Wohnraum und Halle sowie im Kochbereich im Hintergrund – wurden massiv gemauert.
Unten rechts: Blick vom Kochbereich durch die Halle bis in den Wohnraum.

Dreidimensionales Farbflächenbild

Das Dach scheint sich aufzulösen.

Ein zweigeschossiges Satteldach-Haus auf rechteckigem Grundriss war die Vorgabe des Bebauungsplanes für das Grundstück in einem Neubaugebiet bei Stuttgart. Der Architekt Reinhold Andris ließ sich davon nicht abschrecken. Was ihn reizte, war der exzellente Blick auf die Schwäbische Alb, den man von hier genießen kann und so plante Andris für sich und seine Familie ein Einfamilienhaus, das sich den formalen Vorgaben fügt, dabei aber doch aus dem Rahmen fällt.

Schon von weitem macht sich das Haus durch seine ungewöhnliche Farbgebung bemerkbar: es präsentiert sich als gelber, in der Sonne hell leuchtender Kubus, aus dem unterschiedlich große Flächen ausgeschnitten und verglast sind. Das Dach besteht aus zwei rechteckigen, roten Scheiben, die, von den Wänden vollständig abgelöst, über dem Haus zu schweben scheinen. Der First ist ebenfalls vollständig verglast.

Die Homogenität der beiden Dachflächen wird an keiner Stelle von Durchdringungen gestört, sie wirken nahezu zweidimensional. Hierzu trägt bei, dass Andris die über die Giebel hinausgehende Dachkonstruktion auf die mit Geradschnittbieber gedeckte Lattung reduzierte und als filigrane Holzlamellenstruktur zur Verschattung weiterführte.

Zeigt sich das Haus dem Betrachter als dreidimensionales Farbflächenbild, so offenbart es dem Besucher im Inneren darüberhinaus anschaulich seine Konstruktion: als Haupttragstruktur dient ein sichtbares Stahlskelett, das aus sechs Rahmen zusammengefügt ist. In das Skelett sind die Decken der versetzt angeordneten Ebenen mit Holznebenträgern scheinbar einfach eingelegt. Ihre weiß lasierte OSB-Platten-Untersicht steht in ansprechendem Kontrast zu dem Anthrazit des einheitlich mit Schiefer belegten Bodens. Die meisten Wandflächen sind in den Grundfarben Rot, Blau und Gelb gestrichen.

Bereits nach Betreten des Hauses kann man zwischen den Deckenflächen hindurch bis in den gläsernen First sehen. Über die geradläufige Treppe durchquert man die auf versetzten Ebenen angeordneten Koch-/Ess- und Schlafbereiche und gelangt schließlich in den Wohnraum, der sich unter dem First über die gesamte Grundfläche erstreckt. Beide Giebel sind nahezu vollflächig verglast und holen im Norden die nahen Felder ins Haus, während im Süden der Blick über die tiefer liegende Nachbarbebauung hinweg auf die Schwäbische Alb schweifen kann.

Doch auch das Haus selbst ist es wert, den Blick schweifen zu lassen: jedes Detail ist konstruktiv und gestalterisch durchdacht, nirgendwo wurde »irgendwie« herumgebastelt. Sei es der erwähnte Dachabschluss außen, sei es die Auswahl und Verarbeitung der Materialien oder seien es die Anschlüsse der einzelnen Materialien

Oben und rechts: Das äußere Erscheinungsbild wird von den farbigen Wand- und Dachflächen sowie von viel Glas bestimmt.

Oben und links: Im Inneren zeigt sich die tragende Stahlkonstruktion. Auch hier setzen Farbflächen Aktzente.

aneinander. Beispielsweise sind die wandoberflächigen Gipsfaserplatten mit Sandkorngrundierung durch gleichmäßige Schattenfugen von den oberflächenbündigen Flanschen der in den Wandaufbau integrierten Stahlprofile abgesetzt. Gleich wie man der vielleicht ungewöhnlichen Architektur und Farbgebung des Hauses Andris gegenübersteht, seine durchdetaillierte Ausführung kann nur überzeugen. Der Einsatz eines Stahlskeletts bot sich für den additiv-konstruktivistischen Entwurf als naheliegendste Lösung an.

Oben: Das gesamte Obergeschoss nimmt der weitläufige Wohnraum auf zwei leicht versetzten Ebenen ein.
Rechts: Die Flansche der Stahlträger sitzen bündig zur Wandoberfläche und gliedern diese.

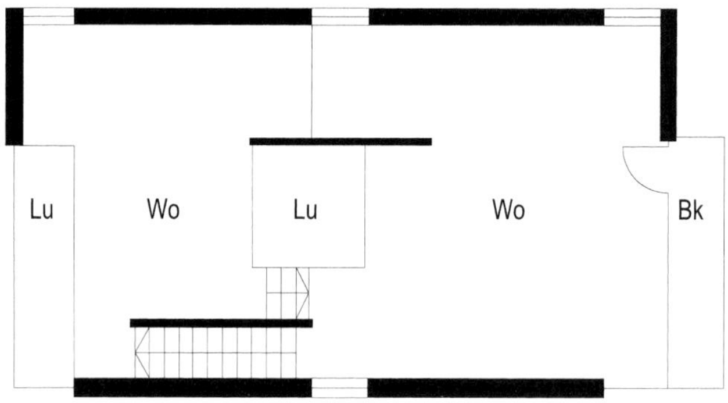

Obergeschoss

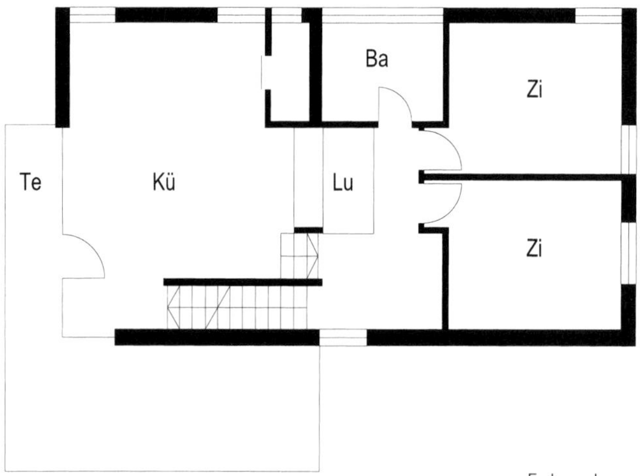

Erdgeschoss

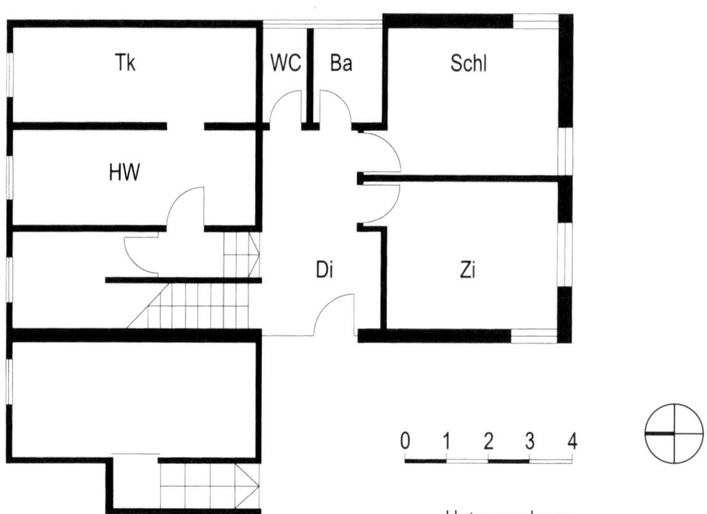

Untergeschoss

Rechts: Zur Straße wurden die beiden unteren Geschosse weitgehend geschlossen.
Unten: Von der Terrasse kann der Blick weit über die Schwäbische Alb streifen.

Konstruktion
Skelett aus sechs Stahlrahmen (Profile: HEB 160), in Längsrichtung diagonale Auskreuzung; Ausfachung in Holzrahmenbauweise; außen Stülpschalung, innen Installationsebene; Decken: Brettschichtholznebenträger; OSB-Platten, schwimmender Estrich
Wohnfläche
216 m^2 (+ 50 m^2 Nutzfläche)
Baukosten
ca. 325 000 €
Fertigstellung
1998

Stählernes Holzhaus

Die Bauherren wünschten sich einen klaren, einfachen Baukörper, in dessen sonnendurchfluteten Innenräumen die wechselnden Tageslichtqualitäten erlebbar werden. Architekt Michael Klünker entsprach diesen Vorgaben durch einen schlichten Kubus mit symmetrischer Fassadengliederung, der auf den ersten Eindruck aufgrund seiner Holzverschalung eher auf ein Holzhaus als auf eine Stahlkonstruktion schließen lässt.
Das Grundstück liegt direkt am Waldrand, an den Ausläufern des Sollings, es steigt hinter dem Haus nach Norden steil an. Im Osten schließt eine Reihenhauszeile an das Grundstück an, als deren Abschluss der frei stehende Stahlbau in gewisser Weise fungiert.
Auch im Inneren ist das Haus nahezu symmetrisch organisiert: hinter den markanten, zweigeschossigen Glasecken befinden sich ein Wintergarten im Westen sowie ein großzügiger Eingangsbereich auf der Ostseite. Dazwischen wurde der Wohn-/Essbereich angeordnet. Von hier führt eine halbrunde Treppe ins Obergeschoss mit den Schlafräumen. Eingangsbereich und Wintergarten reichen über beide Geschosse, wobei teilflächig Gitterrost-Decken als Galerien eingelegt wurden.
Bis auf die weitgehend geschlossene Nordfassade wurden alle Seiten des Gebäudes über große Glasflächen und geschosshohe Fenster nach außen geöffnet, der Garten ins Hausinnere einbezogen. Auch die Nutzung solarer Wärme wurde auf diese Weise ermöglicht – als Teil eines weitreichenden Energiekonzeptes. Dieses umfasst beispielsweise eine Lüftungsanlage mit Wärmerückgewinnung und eine Hochleistungs-Flachkollektoranlage auf dem extensiv begrünten Flachdach.
Die Bauweise des Hauses als Stahlkonstruktion ist im Inneren erlebbar, das tragende Stahlskelett ist komplett sichtbar. Anthrazit gestrichen, hebt es sich in voller Dreidimensionalität von den in Weiß gehaltenen Wand- und Deckenflächen ab. Diese wurden vorgesetzt beziehungsweise aufgelegt. Während die Außenwände als Holztafelelemente mit Zellulosedämmung vorgefertigt wurden, besteht die Zwischendecke aus Stahlbeton. Sie wurde teilvorgefertigt eingebracht und mit Ortbeton ergänzt (Filigrandecke).
Die Innenwände wurden als beplankte Blechständerkonstruktion zwischen die Stahlstützen gesetzt, wobei diese beidseitig sichtbar blieben.

Der Erschließungsgang im Obergeschoss wird über ein Sheddach belichtet.

Nach außen erweckt der Bau eher den Eindruck eines Holzhauses.

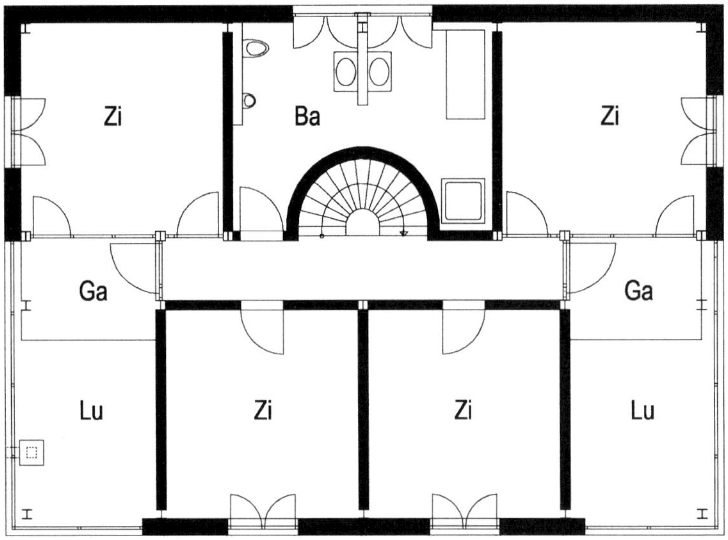

Obergeschoss

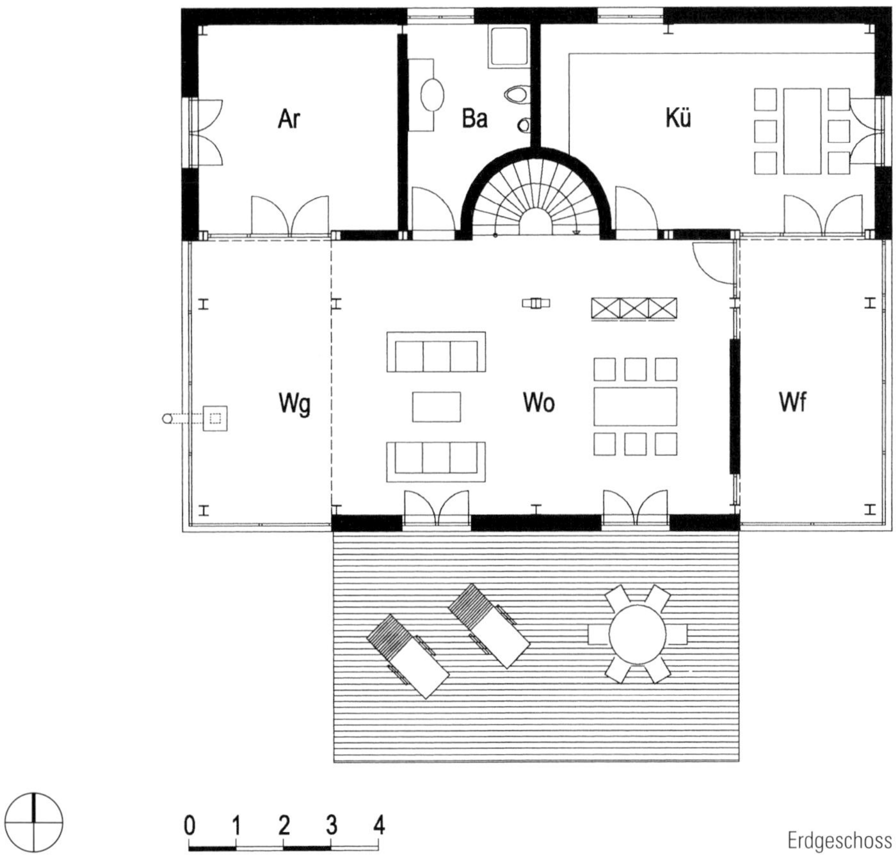

Erdgeschoss

Rechts: Die Galerie im Wintergarten.
Unten: Im Unterschied zu außen ist innen die Konstruktionsweise erkennbar.

Konstruktion
Skelett aus Stahlstützen (HEB 200); Fassaden als vorgefertigte Holztafelelemente; Zwischendecke als teilvorgefertigte Stahlbetondecke (Filigrandecke); Innenwände als Gipsfaserplatten-Leichtbauwände

Wohnfläche
247 m² (zzgl. 126 m² Nutzfläche)

Baukosten
ca. 358 000 €

Fertigstellung
2000

Schweizer Fachwerk

Zwischen den dicht aneinander stehenden Einfamilienhäusern einer Nachkriegssiedlung in Bad Ragaz sticht ein Gebäude besonders hervor: als bewussten Kontrast zum kleinstädtischen Gefüge der Umgebung planten die Architekten Wagner und Graser den hellen Bau, dessen Volumen sich aus ineinander geschobenen, unterschiedlich proportionierten Kuben bildet. Es wurde aufgelöst zu einer außen sichtbaren, aber weiß gestrichenen Stahlskelettstruktur, die die Raumkanten nachzeichnet und mit ebenfalls unbehandelten Kalksandsteinen ausgefacht wurde. Da auch die Fensterrahmen in Weiß gehalten wurden, ergab sich ein fast leuchtendes Erscheinungsbild.

Beim Rundgang um das Gebäude ergeben sich immer wieder neue Ansichten. Während sich zur Straße eine großformatige, relativ geschlossene Fassade zeigt, lösen sich Fassade und Kubatur zum Garten hin auf. Der äußeren Form entsprechend finden sich im Inneren unterschiedliche Raumhöhen.

Man betritt das Haus durch eine enge, aber einladende Eingangspassage, die zur offenen, geräumigen Wohn-, Ess- und Kochzone führt. Durch Schiebetüren lässt sich der lichtdurchflutete Raum in einzelne

Zur Straße zeigt sich das Haus als schlichter weißer Kubus.

Bereiche unterteilen. Eine raumhohe Glasfassade bezieht den Garten in den Innenraum mit ein.
Die verputzten Innenwände wurden überwiegend in Weiß gehalten, der Treppenbereich durch einzelne Flächen in Rot, Blau und Gelb akzentuiert. Als Deckenuntersicht blieben die in das Stahlskelett eingelegten Porenbetonelemente sichtbar. Im Obergeschoss werden über eine Galerie die Schlafräume sowie die Dachterrasse auf dem Wohnraum erschlossen. Von der Terrasse aus kann man einen wunderbaren Ausblick auf die Ragazer Burg, die Kirche und die umliegenden Berge genießen.
Unter Einsatz weitgehend roh und sichtbar belassener Baumaterialien entstand hier ein höchst individuelles Wohnhaus. Es bezieht seine klare Ästhetik gerade aus der Schlichtheit der Formen und Materialien in Verbindung mit sorgfältig durchgestalteten Detailpunkten.
Bei der gewählten Konstruktion mit außen angeordneter Stahlkonstruktion und innenseitiger Wärmedämmung muss prinzipiell mit thermisch bedingten, baukonstruktiven Problemen gerechnet werden, die hier allerdings noch nicht aufgetreten sind.

In der Gartenansicht löst sich die Kubatur auf, die Kanten der einzelnen Volumina werden durch die Stahlkonstruktion unterstrichen.

Weiß dominiert die Fassaden.

Im Treppenraum setzen einzelne Farbflächen Akzente.

Konstruktion
Stahlskelett, ausgefacht mit Kalksandstein; weiterer Wandaufbau nach innen: Luftraum, Wärmedämmung (10 cm), Gipsdieleninnen-mauerschale (6 cm); Zwischendecken: eingelegte Porenbetonelemente
Wohnfläche
140 m^2
Baukosten
ca. sFr 525 000
Fertigstellung
1995

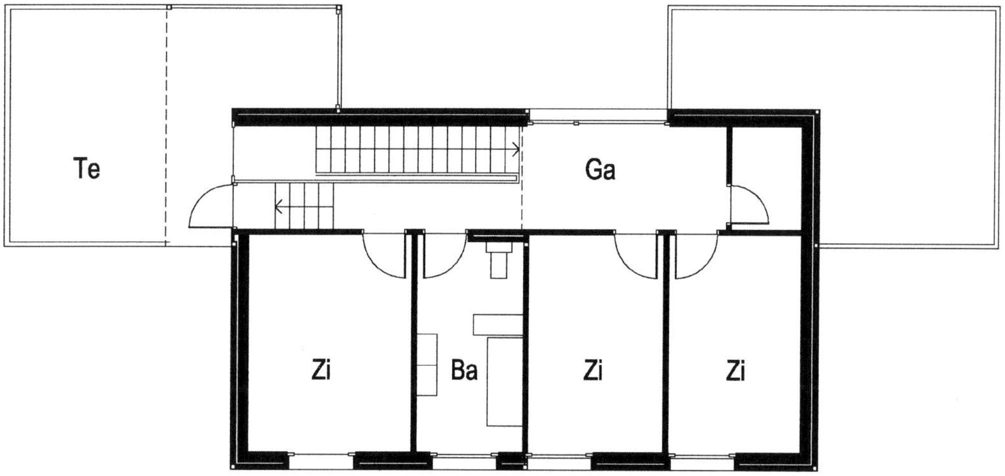

Obergeschoss

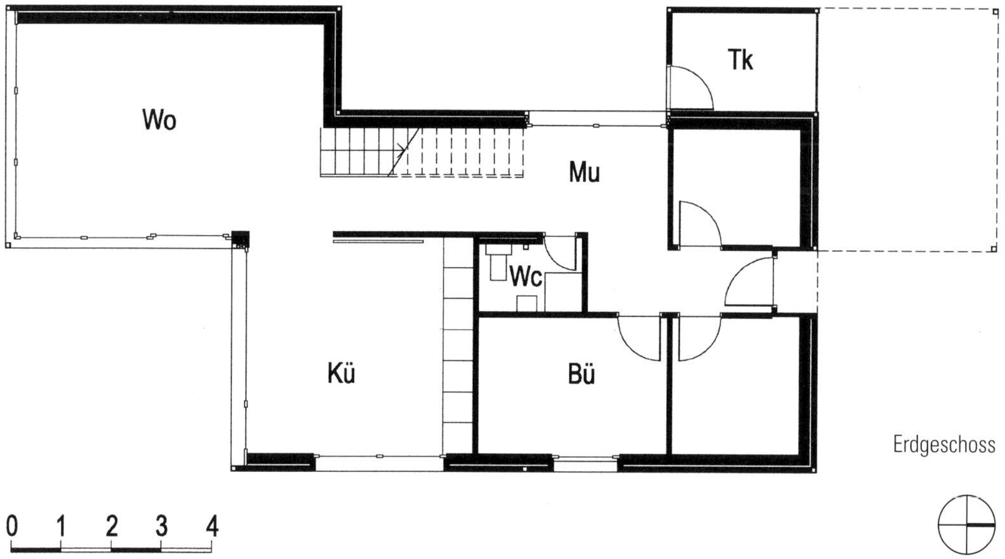

Erdgeschoss

Tradition trifft Moderne

Unten und rechte Seite: Der Kontrast zwischen traditionellem Natursteinmauerwerk und moderner Stahl-Glas-Architektur sowie die reizvolle Lage bestimmen das Erscheinungsbild des Wohnpavillons.

In einem ehemaligen Weinberg, der seit einigen Jahrzehnten als Wohngebiet überbaut wird, planten die Architekten Wagner und Graser ein bemerkenswertes Einfamilienhaus. Mit dem Ziel, den Neubau in die vorhandenen Strukturen einzufügen, entstand eine formal zurückhaltende, aber kontrastreiche Architektur: auf ein massives Hanggeschoss mit Granitverkleidung wurde ein äußerst leicht wirkender Pavillon gesetzt, dessen Fassadenflächen rundherum aus Glas bestehen. Auch undurchsichtige Bereiche wurden mit Sandwichelementen geschlossen, deren Oberfläche aus Glas besteht, was zum filigranen Erscheinungsbild beiträgt.

Als markante Trennlinie zwischen beiden Geschossen dient ein glatt geschalter, bandartiger Sichtbetonsturz. Granitwand, Betonband, Glasfassade und Dachrand stoßen in den Eckpunkten bündig aufeinander. Der örtlichen Situation angemessen, wurden die Schlafräume des Hauses im in den Hang geschobenen Untergeschoss angeordnet. Das Obergeschoss nützt als rundum verglastes Belvedere die einzigartige Aussichtslage. Zusammengesetzt aus vier nebeneinander angeordneten Raumqua-

dern öffnet sich hier der Blick weit über Chur in das Tal hinaus. Beide Geschosse wurden sowohl über eine Wendeltreppe als alltägliche Erschließung als auch über eine Rampe verbunden.
Der Besucher erlebt das Haus als eine abwechslungsreiche, sich stetig öffnende Raumfolge. Sie verleiht dem Haus seine unverwechselbare Individualität. Der Zugang erfolgt über den Haupteingang auf Gartenniveau, von dort führt der Weg weiter über die Rampe hinauf in den offenen, nur mit wenigen Einbauten unterteilten Wohnbereich, um auf der vorgelagerten Terrasse zu enden.
Eine konstruktive Besonderheit stellt die in zwei Teilen komplett vorgefertigte Stahlkonstruktion dar. Sie wurde mit einem Helikopter auf die Baustelle geflogen und dort allseitig mit einer Pfosten-Riegel-Fassade ummantelt. Sichtbar blieben lediglich die Stahlstützen im Inneren vor den Fassaden. Decke und Dach wurden aus Porenbetonelementen gefertigt, die in die Stahldeckenträger eingelegt wurden, die Deckenuntersicht wurde verputzt.
Der Entwurf bezieht seinen besonderen Reiz aus dem überraschenden Kontrast zwischen Massivität und Leichtigkeit, zwischen traditioneller und moderner Materialität in Verbindung mit dem gekonnten Umgang mit schlichten, kubischen Volumina.

Links und oben: Neben der Alltagserschließung über die Treppe lässt eine Rampe das Raumgefüge erlebbar werden.

Oben und rechts: Glatte Oberflächen aus verschiedenen Materialien bestimmen die Innenräume. Das tragende Stahlskelett zeigt sich nur noch durch die Stützen vor der Fassade.

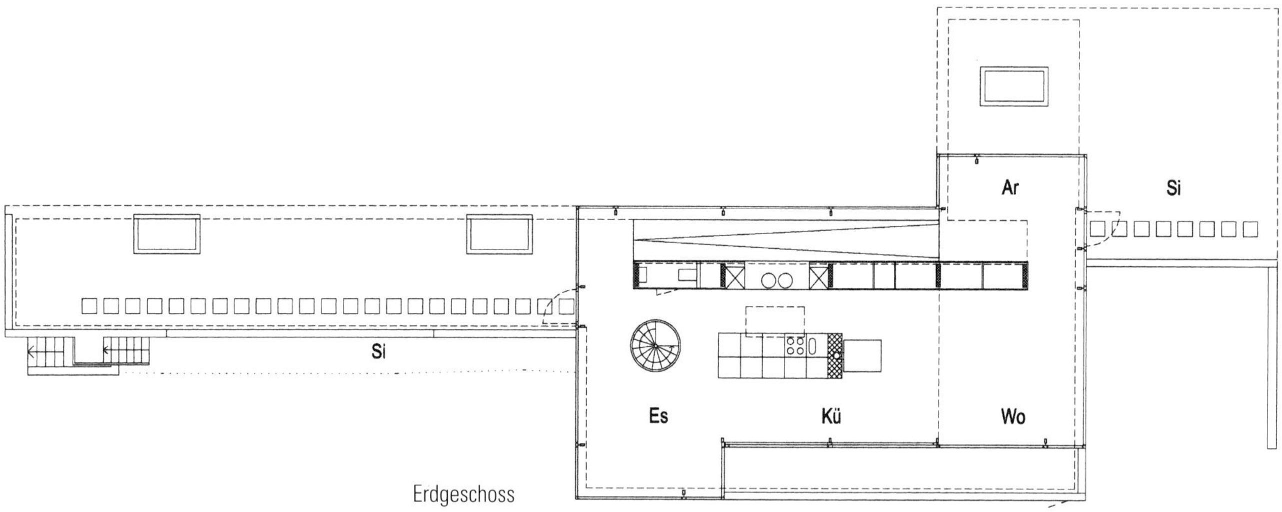

Erdgeschoss

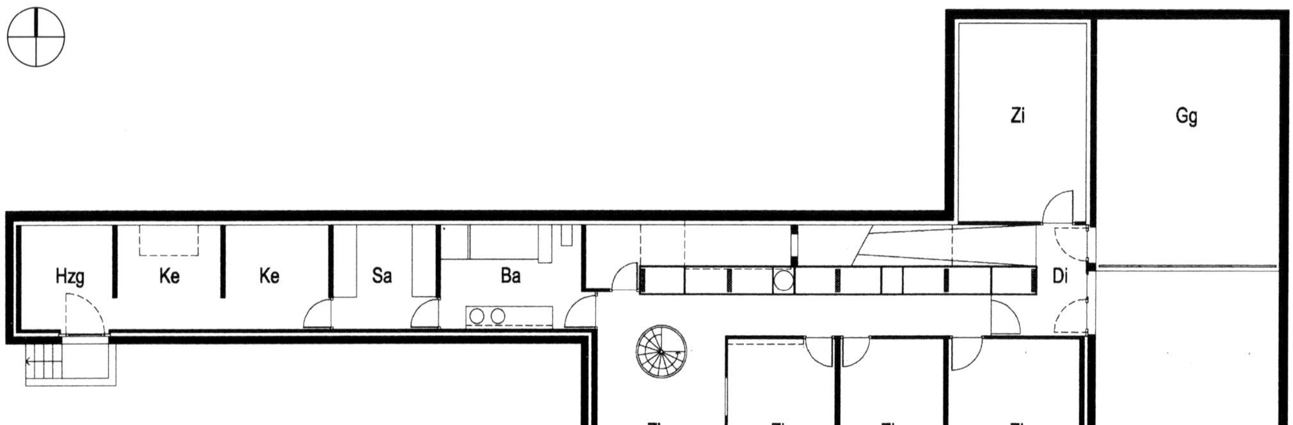

Hanggeschoss

Oben: Das Grundstück bietet einen einzigartigen Blick über Chur.

Links: Auch die Oberfläche der geschlossenen Fassadenbereiche besteht aus Glas.

Konstruktion (Obergeschoss)
komplett vorgefertigte Stahlkonstruktion; vorgesetzte Pfosten-Riegel-Fassade mit Sandwichpaneelen: außenseitig grün getöntes Glas, innen kunststoffbeschichtete Blechtafeln, dazwischen Polyurethanschaum-Dämmung; Zwischendecken: eingelegte Porenbetonelemente
Wohnfläche
182 m^2
Baukosten
ca. sFr 1 270 000
Fertigstellung
1995

Ästhetische Schlichtheit

Das Raster der Stahlkonstruktion ist an der Fassade ablesbar.

Durch eine Veröffentlichung lernte der Bauherr des hier vorgestellten Einfamilienhauses die Architektur von Ingo Bucher-Beholz kennen. Er war fasziniert von der funktionalen Ästhetik sowie den klaren Strukturen und Grundrissen der konstruktivistischen Entwürfe und bat Bucher-Beholz um die Planung seines Wohnhauses mit integrierter Praxis.

Der lange, schmale Baukörper mit Satteldach setzt sich deutlich von den umliegenden Häusern des Neubaugebiets ab. Schon an der Fassade ist die Struktur der Skelettkonstruktion des Hauses ablesbar, sie wird von den schmalen Aluminium-Anpressleisten der vorgesetzten Pfosten-Riegel-Fassade widergespiegelt.

Dazwischen alternieren flächige Holzverkleidungen mit großformatigen Glassegmenten.

Das Material der Konstruktion gibt sich durch die Träger der frei auskragenden Balkone sowie im Bereich des Dachüberstands durch sichtbare Stahlpfetten zu erkennen.

Zwischen Straße und Garten verspringt das Gelände um eine Geschosshöhe, der Zugang erfolgt daher über einen Steg, der an der Längsseite des Hauses entlangläuft.

Entsprechend der transparenten Fassaden und der systemimanenten Variabilität der Stahlkonstruktion gestaltet Bucher-Beholz die Grundrisse seiner Einfamilienhäuser möglichst offen. So nimmt hier den überwiegenden Teil des Erdgeschosses ein 60 Quadratmeter großer Allraum ein, ein großzügiger Wohnraum, in den Bereiche zum Kochen und Essen integriert sind. Sie setzen sich lediglich durch ihre Möblierung ab. Sonst nicht nutzbare Erschließungszonen gibt es nicht.

Über einen bis unters Dach reichenden Luftraum wurde auch das Obergeschoss optisch mit dem Wohnraum verbunden, eine Wendeltreppe dient als Zugang zu den dort befindlichen Schlaf- und Nassräumen. Das Untergeschoss auf Gartenniveau nimmt in voller Ausdehnung die

krankengymnastische Praxis des Hausherrn ein.
Viele Stahlskelettbauten zeichnen sich durch ein filigranes Erscheinungsbild aus, doch Bucher-Beholz' Entwürfe sind von ganz besonderer Feingliedrigkeit. Er erreicht dies durch relativ kleine Rastermaße der Stahlstützen, was äußerst geringe Profilquerschnitte ermöglicht. Hier verwendete er Quadratrohrstützen von lediglich 7 x 7 Zentimetern. Die wenigen, ebenfalls nur 7 Zentimeter starken Innenwände in Leichtbauweise fügen sich dazwischen ein und auch im Bereich der Außenwände blieb die Stahlkonstruktion innen oberflächenbündig sichtbar.
Mit Baukosten von 838 Euro pro Quadratmeter war das Haus äußerst preisgünstig. Es ist ein hervorragendes Beispiel dafür, wie durch das perfekte Abstimmen von Entwurf und Konstruktion hochwertige Architektur zu geringen Kosten realisierbar ist. Hinzugefügt werden muss allerdings, dass die geringen Baukosten teilweise auch der simplifizierten Ausführung einiger Bauteile, beispielsweise der Innenwände zuzuschreiben sind.

Das äußerst harmonisch anmutende Untergeschoss

Die zurückhaltende Möblierung passt zum Stil der Architektur.

Konstruktion
Skelett aus Quadratrohren (70 x 70 mm), Träger (IPE 140); Fassaden als vorgefertigte Holztafelelemente; Fassadenbekleidung: lasierte Holzdreischichtplatte; Zwischendecke: Holzdreischichtplatte mit schwimmendem Estrich; Innenwände als Holz-Leichtbauwände mit Spanplatten-Bekleidung
Wohnfläche
271 m^2
Baukosten
ca. 227 000 €
Fertigstellung
2000

Bei Nacht kehrt sich die Transparenz des Hauses um.

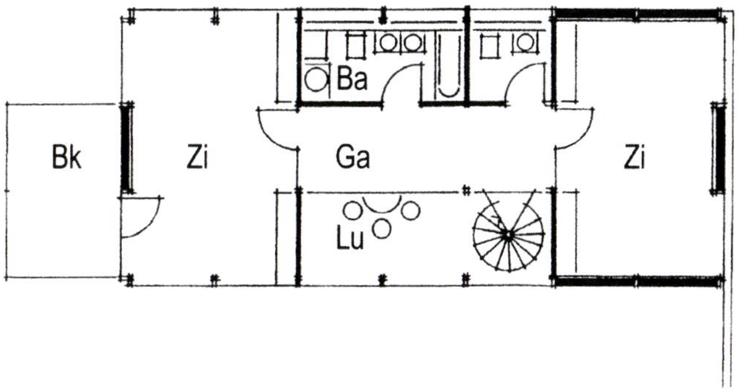

Obergeschoss

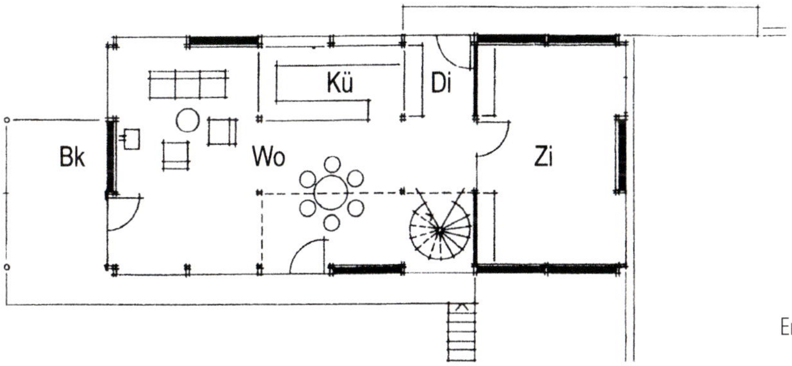

Erdgeschoss

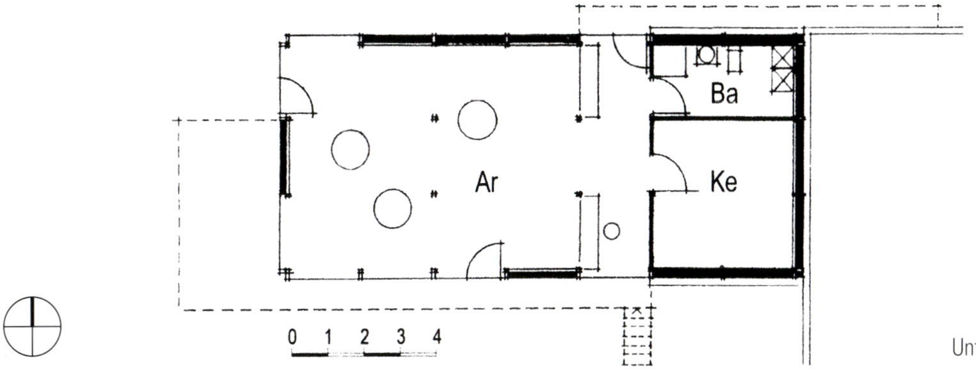

Untergeschoss

Doppelter Zwilling

Ein gutes Beispiel für die Variabilität von Stahlskelett-Häusern stellt das auf den vorangegangenen Seiten präsentierte Einfamilienhaus in Verbindung mit diesem Doppelhaus-Entwurf Bucher-Beholz' dar: Letzteres wirkt wie ein Zwilling des frei stehenden Hauses – und das in zweifacher Ausführung. Im Gegensatz zum üblichen aneinander gebauten Doppelhaus, wie es auch hier vom Bebauungsplan vorgesehen war, rückte der Architekt beide Baukörper ein Stück auseinander. Das ohnehin fast schwebend wirkende Ensemble wirkt somit noch leichter und filigraner.
Die Unterschiede zum Haus in Saulgau zeigen sich vor allem in der Fassadengestaltung – hier wurde die Gartenseite komplett verglast – und in leicht abgeänderten Anordnungen der Innenwände.

Weit ausladende Balkone zeugen von der Konstruktionsweise der Häuser.

Oben: Die Straßenansicht gibt sich introvertiert. Die Doppelhaushälften wurden leicht auseinandergerückt.
Links: Für den Bodensee typische Pfahlbauten inspirierten den Architekten.

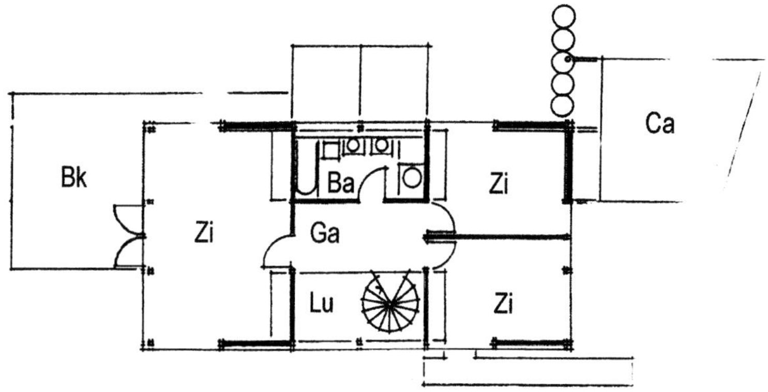

Obergeschoss

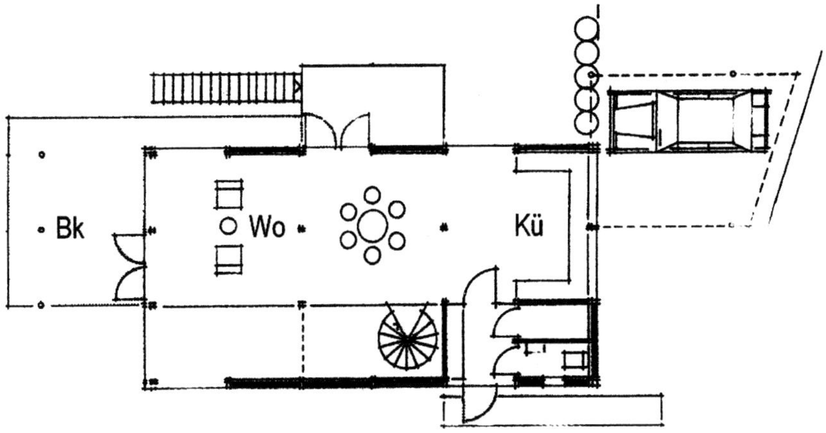

Erdgeschoss

Konstruktion
Skelett aus Quadratrohren (70 x 70 mm), Träger (IPE 140); Fassaden als vorgefertigte Holztafelelemente; Fassadenbekleidung: lasierte Holzdreischichtplatte; Zwischendecke: Holzdreischichtplatte mit schwimmendem Estrich; Innenwände als Holz-Leichtbauwände mit Spanplatten-Bekleidung
Wohnfläche
271 m²
Baukosten
ca. € 262 000
Fertigstellung
1998

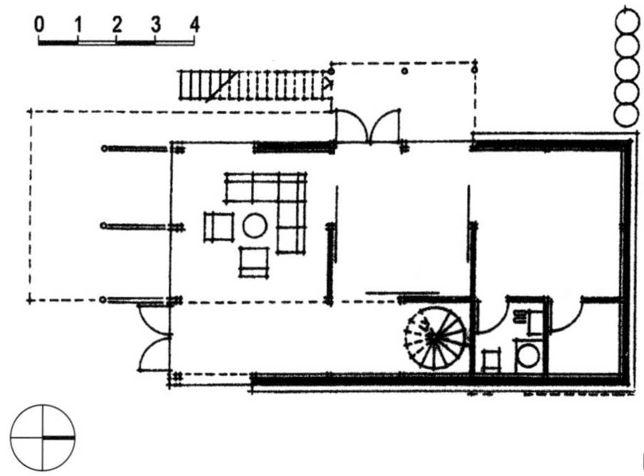

Untergeschoss

Münsterländer Wohnen im Grünen

Wie ein Landhaus auf parkähnlichem Grundstück wirkt das Haus, das die Architektin Gabriele Andreae mit ihrem Kollegen Ulrich Kötter für sich und ihre Familie plante. Inmitten eines innerstädtischen Villenviertels gelegen, entstand diese Wirkung durch alten Baumbestand, die optische Einbeziehung von Nachbargärten, aber auch durch die Platzierung des Gebäudes am nördlichen Rand der Parzelle.

Das Wohnhaus gliedert sich in einen zweigeschossigen Haupttrakt, in dem sich die zum Garten orientierten Wohn- und Schlafräume befinden sowie einen Nebentrakt als Kellerersatz, in dem Hauswirtschaftsräume, eine Werkstatt und der Gästebereich untergebracht wurden. Beide Trakte sind durch einen breiten Erschließungsgang miteinander verbunden, der – zu beiden Schmalseiten und nach oben vollflächig verglast – als lichtdurchfluteter Raum längs durch das gesamte Gebäude verläuft.

Der vorgesetzte Balkon und die rasterartige Fassadengliederung durch die Anpressleisten der außenseitig auf das tragende Stahlskelett geschraubten Pfosten-Riegel-Fassade lassen den Betrachter die Kon-

Links und rechte Seite: Wie ein Landhaus fügt sich der lange Riegel in den Garten mit altem Baumbestand ein.

Gabriele Andreae (Entwurf und Ausführung), Ulrich Kötter (Ausführung), Münster

Links und unten: Glatte Fassadenflächen, mal verglast, mal holzfurniert werden durch schmale Anpressleisten gegliedert.

struktionsweise erkennen. Noch deutlicher zeigt sich diese im Inneren: hier ermöglichte das an allen Stellen sichtbare Stahlskelett ein großzügiges Raumkontinuum. Die stringente Südausrichtung der Wohnräume lässt im Winter die Sonne tief ins Haus eindringen, im Sommer wird sie durch Baumbestand, Balkon und Dachüberstand draußengehalten.
Das Erdgeschoss wird vom Wohn-/Essbereich eingenommen, von dem sich bei Bedarf mit Hilfe von Schiebetüren zwei Arbeitsbereiche abtrennen lassen. Gliederungen durch eingestellte Wandscheiben oder die weitgehend verglaste Abtrennung zum Kochbereich sowie interessante Sichtbeziehungen machen den Raum zu einem faszinierenden Erlebnis. Das Obergeschoss mit den Schlafräumen wurde über eine Galerie und einen Luftraum über dem Essbereich mit dem Erdgeschoss verbunden.
Neben dem großartigen Raumerlebnis

Rechts: Der Entwurf birgt interessante Blickbeziehungen.
Unten: Der vorgesetzte Balkon verschattet die Südfassade.

fallen insbesondere die ansprechenden Anschlüsse der einzelnen Materialien auf, sowie die geschweißten Verbindungen von Stahlträgern und Stahlstützen: sie wurden unter großem Aufwand vor Ort erstellt, um das hier als unpassend empfundene Erscheinungsbild von Schraubverbindungen zu vermeiden.
Wie bei vielen anderen Stahl-Wohnhäusern wurde auch beim Haus Andreae eine flächige Holzverkleidung der Fassade als ästhetischer Kontrast zur linearen Struktur des Stahlskeletts gewählt. Eine Besonderheit in diesem Fall ist die Wahl von lackiertem Lärche-Furnier, das auf gedämmte Sandwichplatten aufgebracht wurde, im Unterschied zu sonst gebräuchlichen Massivholzverkleidungen.
Hierdurch ergab sich eine sehr glatte, gleichmäßige Oberfläche, bei der nicht mit den bei Massivholz üblichen Farbveränderungen zu rechnen ist.

Links: Der Luftraum oberhalb des Essplatzes schafft eine Verbindung zum Obergeschoss.
Unten: Die Küche ermöglicht Blickbeziehungen zum Wohnraum.

Im Wohnraum übernimmt die Stahlkonstruktion
auch optisch eine tragende Rolle.

Linke Seite: Eine Besonderheit sind die vor Ort verschweißten Knotenpunkte der Stahlkonstruktion, hier im Eingangsbereich mit Stahltreppe.

Der Erschließungsgang zwischen Wohn- und Gästetrakt.

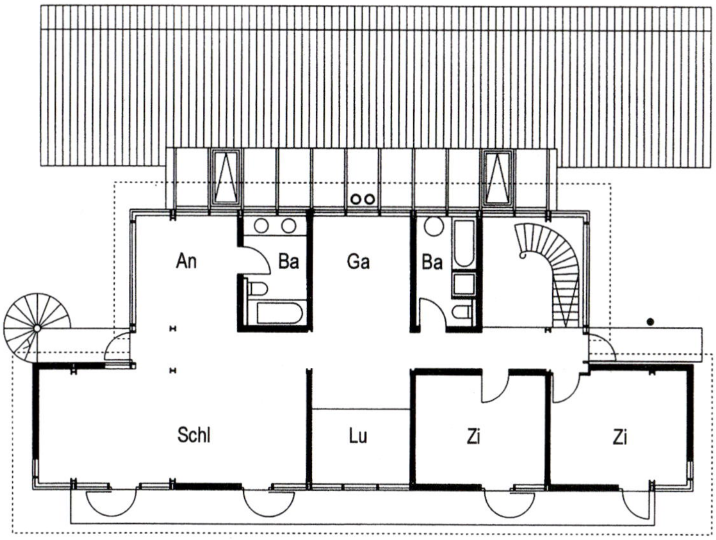

Obergeschoss

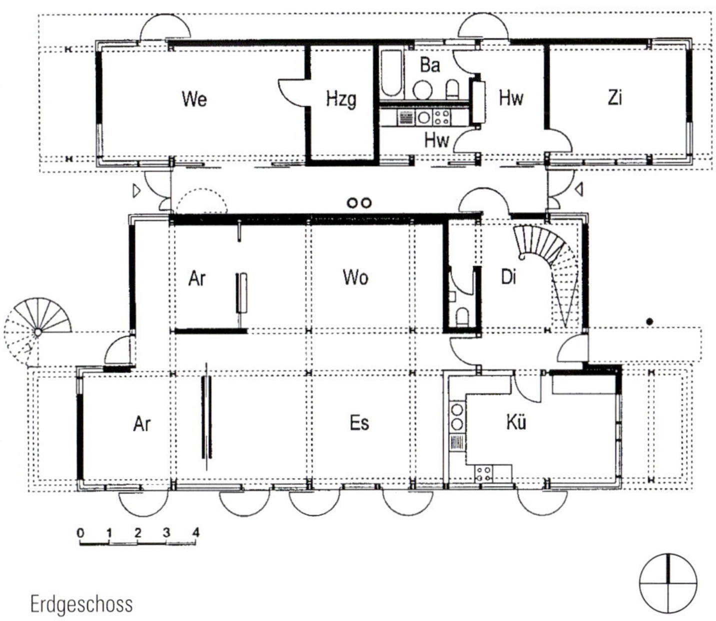

Erdgeschoss

Konstruktion
Stahlskelett (Profile: IPB 140), auf Stahlbeton-Bodenplatte verschraubt; Aussteifung über massiven Kern, Zwischendecke und Windverbände im Dach; Fassade als vorgesetzte Holz-Pfosten-Riegel-Fassade, Ausfachung der nicht verglasten Flächen: außenseitig Holz-Sandwichplatte, Lärche furniert; Wärmedämmung; innenseitig Gipskarton, zweilagig; Zwischendecke in Stahlbeton

Wohnfläche
370 m²

Baukosten
k. A.

Fertigstellung
1997

Wohnhauserweiterung in Münster | Gabriele Andreae, Münster (Entwurf und Ausführung); Klaus Himmel-Eimermacher (Mitarbeit Ausführung); Ludwig Gaupels (Sonnensegel)

Kunstraum

Der Wohnraum eines bestehenden Einfamilienhauses sollte erweitert und die Belichtung des Raums verbessert werden. Baugrenze und Bebauungsplan schränkten die Möglichkeiten hierzu allerdings ein. So entstand nach dem Entwurf von Gabriele Andreae ein langgestreckter, eingeschossiger Anbau.

Die Fassade sollte großenteils als geschlossene Wandfläche ausgebildet werden, die der Bauherr als Kunstsammler benötigt. Die leicht geneigte Dachfläche wurde daher großenteils verglast, um die gewünschte natürliche Belichtung zu ermöglichen. Zur Verschattung wurde ein markantes Sonnensegel entworfen und installiert.

Konstruktiv und stilistisch ähnelt der Bau dem zuvor vorgestellten Wohnhaus der Architektin. Allerdings wurden hier sämtliche Holzoberflächen weiß oder grau gestrichen, die Lärche furnierten Fassadenflächen wurden durch grünes Glas ersetzt. Insgesamt ergibt sich somit ein »kühlerer« Gesamteindruck.

Links und rechte Seite: Der Altbau und seine Ergänzung mit eigenwilligem Sonnensegel stehen in deutlichem Kontrast zueinander.

Linke Seite und rechts: Der hell gehaltene Innenraum gibt sich kühl mit Stahl und Glas.

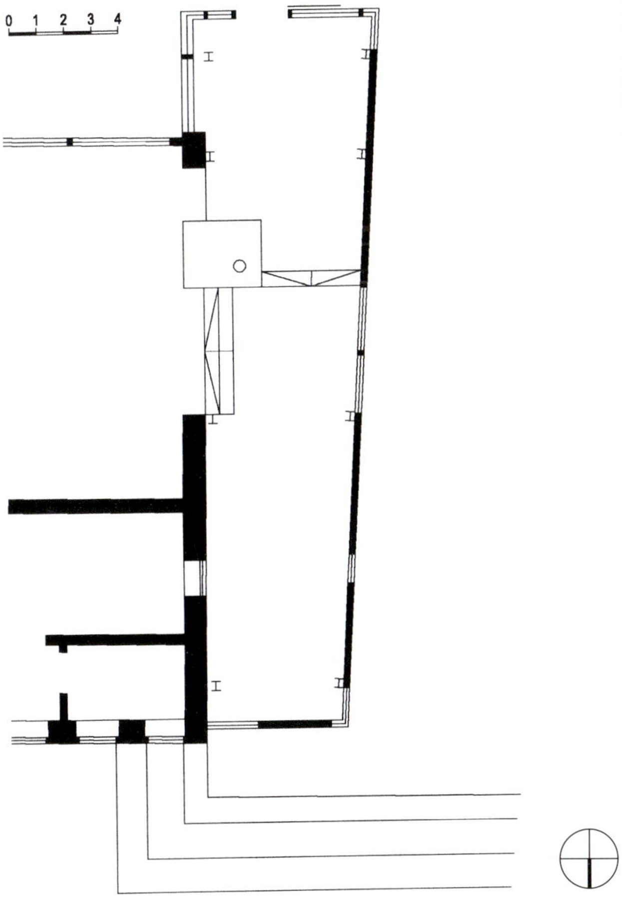

Konstruktion
Stahlskelett (Profile: IPB 120); Fassade als vorgesetzte Holz-Pfosten-Riegel-Fassade, Ausfachung der nicht verglasten Flächen: außenseitig Holz-Sandwichplatte; Wärmedämmung; innenseitig Gipskarton, zweilagig; Glasdach auf Holzsparren
Wohnfläche
35 m^2
Baukosten
k. A.
Fertigstellung
2000

(Un-)Bewohnbar?

»Kann man in diesem Haus wohnen?« fragte der Architekturkritiker Justus Bier und meinte das gerade fertig gestellte »Haus Tugendhat«, das Ludwig Mies van der Rohe 1929/30 in Brno/Brünn (Tschechien) gebaut hatte. Aller Kritik zum Trotz fiel die Antwort der Bewohner, der Unternehmerfamilie Tugendhat, eindeutig positiv aus und heute gehört die Mies'sche Villa zu den Inkunabeln der »Klassischen Moderne«.

Sieben Jahrzehnte später wird die provokante Frage erneut gestellt, Gegenstand der Diskussion ist diesmal das Haus, das der Architekt und Bauingenieur Professor Werner Sobek für sich und seine Familie baute: von außen ein rundum glatt verglaster Kubus, ohne geschlossene Fassadenflächen, ohne Rücksprünge oder Überstände, eingefügt in die Kehle eines Steilhangs, erschlossen von oben über einen Steg und, zu diesem analog, eine Technikbrücke zur Ver- und Entsorgung.

Von innen vier Ebenen, eingelegt in das sichtbare Stahlskelett, optisch durch die Obersicht der Deckenträger unterteilt in jeweils sechs Felder, verbunden über eine zentral angeordnete, frei stehende Stahltreppe. Trennende Wände gibt es nicht, lediglich ein Sanitärkern, der über zwei Ebenen durchläuft, wurde eingestellt. Doch auch hier lässt sich nur die Toilette durch eine Türe verschließen. Die wenigen Möbel wirken fast skulptural, eine Möglichkeit, sich gegenüber der Außenwelt abzuschotten, gibt es nicht. Dennoch fühlt man sich geborgen in diesen ungewöhnlichen Wohnräumen, denn rückseitig umschließt der steile Hang das Gebäude, während hangabwärts die Stadt so tief unten liegt, dass Einblicke unmöglich sind. Vor allem aber fühlt man sich frei in diesen Räumen – die der Architekt lieber als »gefassten Außenraum« denn als »Haus« sieht – aus denen der Ausblick unendlich weit und der Himmel so nah erscheint. Dann wird deutlich, dass dieser scheinbar überall »abstellbare« Glaskubus exakt für dieses Grundstück und diese Situation entworfen wurde.

Doch die Architektur des Hauses beschränkt sich nicht auf Hülle und Raum: wesentlicher Bestandteil der Planung war ein umfassendes ökologisches und technologisches Konzept. Dies beginnt bei der Einpassung in die Natur ohne tief greifende Maßnahmen, geht über den emissionsfreien Betrieb mit Hilfe von Wärmerückgewinnung und Erdwärmetauscher bis hin zur weitgehenden Recyclierbarkeit aller Baustoffe. Hierzu wurde auf Verbundwerkstoffe vollständig verzichtet. Statt dessen fanden im Wesentlichen die drei »natürlichen« Materialien Stahl, Holz und Glas Verwendung. Stahl für die perfekt durchdetaillierte tragende Konstruktion aus Quadratrohrstützen und IPE-Profil-Trägern; Glas in Form einer Dreifach-Isolierverglasung mit innenliegender Konvektionsfolie, die bisher einmaligen Wärmeschutz bietet

Weit gleitet der Blick über Stuttgart.

Linke Seite oben: Werner Sobek entwarf einen konsequent verglasten Kubus.
Linke Seite unten: Die einzelnen Ebenen werden über Stahltreppen verbunden. In der Deckenuntersicht verlaufen Kupferrohre, die im Winter von warmem und im Sommer von kaltem Wasser durchflossen werden.

(vergleichbar mit 10 Zentimeter Mineralfaserdämmung) und zugleich solare Wärmeenergiegewinne ermöglicht; schließlich massives Holz, das als Zwischendecke einfach in das Stahlskelett eingelegt und mit Epoxydharz beschichtet wurde.
Entsprechend den heute üblichen Standards im Automobil- oder Flugzeugbau sollte auch Haus Sobek über technische Hilfsmittel verfügen, um den Alltag zu erleichtern. So werden nun über Sensoren Türen und Schränke geöffnet und verschlossen und die Wasserhähne bedient, Funktionen wie die Regulierung der Raumtemperatur, das Öffnen der Fenster oder die Bewässerung des Gartens erfolgen mittels eines Bus-Systems. Dieses wird über Touch-Screens angesteuert, die auf jeder Ebene angeordnet sind.
Es bleibt die Frage nach der Bewohnbarkeit des Hauses. Viele würden sie sicher verneinen, die Bewohner hingegen beantworten sie eindeutig positiv. Und für sich haben sie ihr »Experimentalhaus« gebaut – ohne Anspruch auf Allgemeingültigkeit zu erheben.

Oben: Geschlossene Außenwände werden optisch teilweise durch den rückwärtigen Steilhang ersetzt.
Links: Ein eingestellter Sanitärkern bildet das einzige geschlossene Element des Hauses.

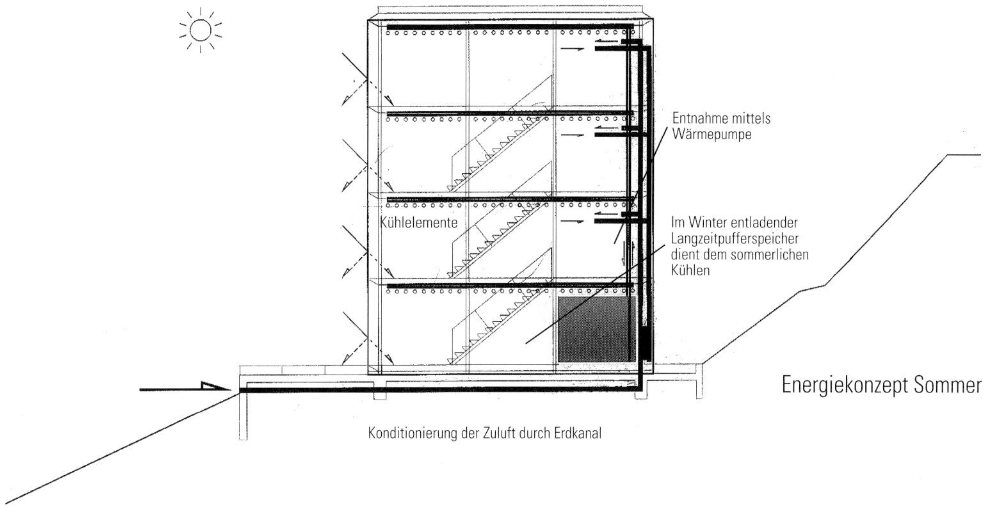

Energiekonzept Sommer

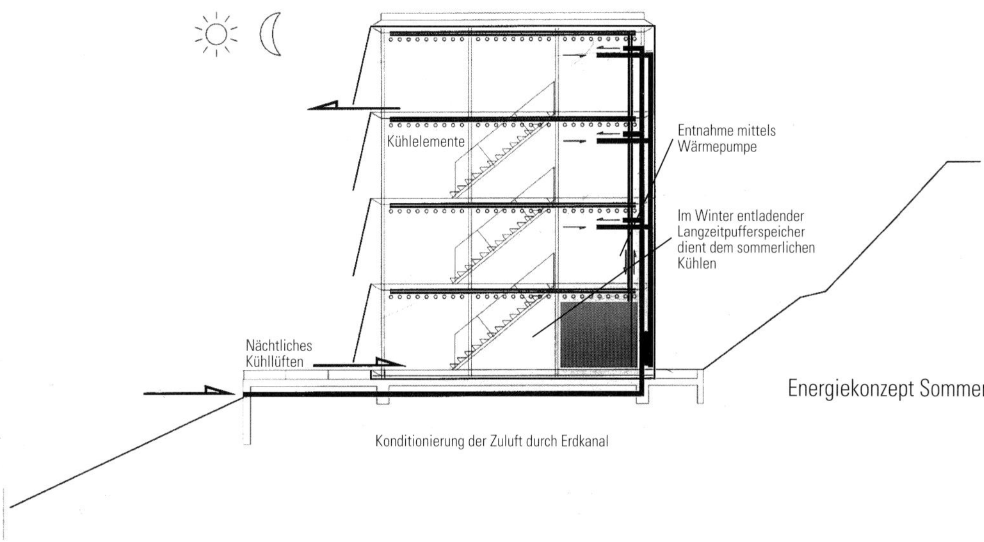

Energiekonzept Sommer/Nacht

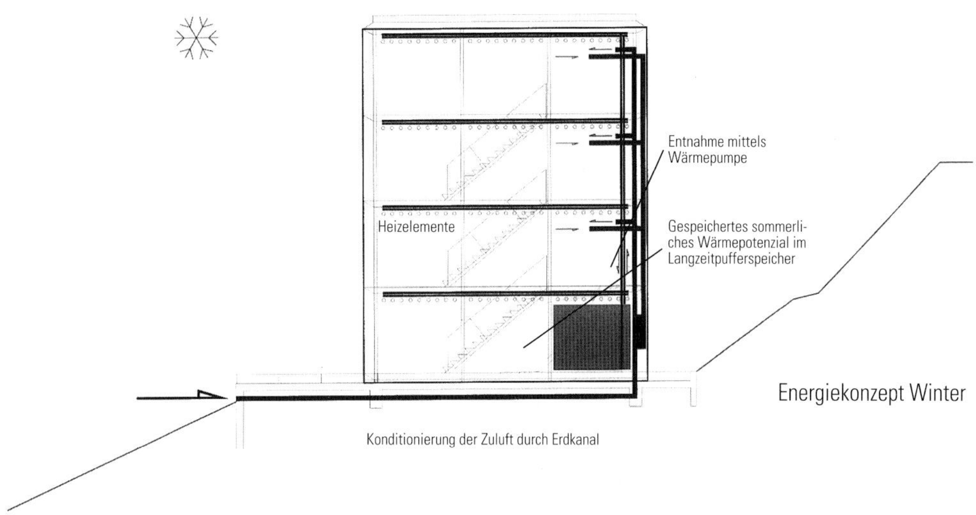

Energiekonzept Winter

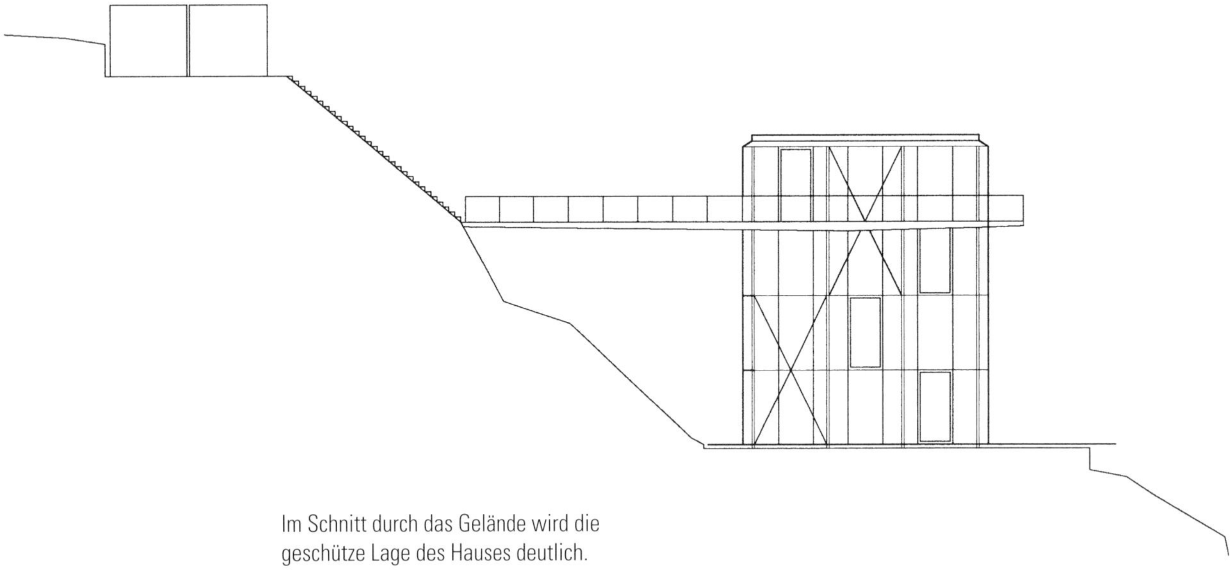

Im Schnitt durch das Gelände wird die geschütze Lage des Hauses deutlich.

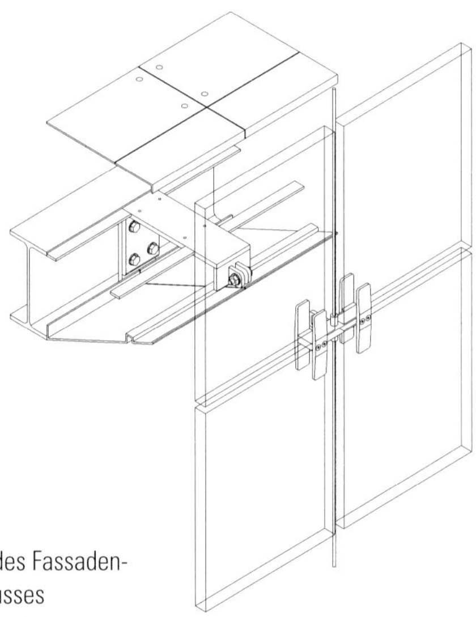

Detail des Fassadenanschlusses

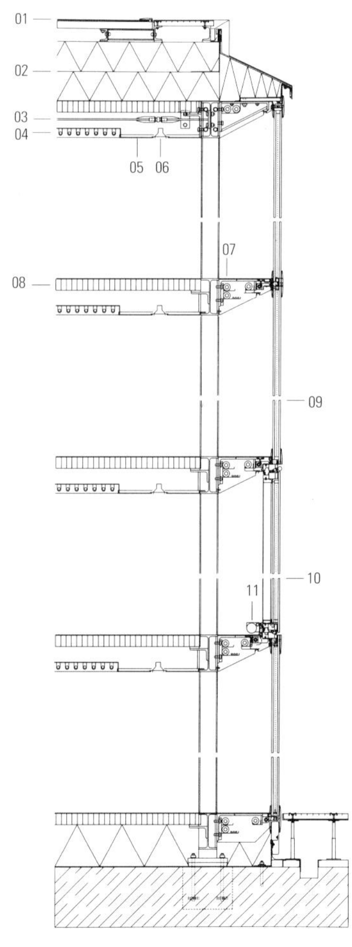

Schnitt durch die Fassade
1 Fotovoltaikelement
2 Wärmedämmung
3 Horizontalaussteifung
4 Heizkühlregister
5 Abgehängte Decke, Aluminium
6 Einbauleuchte
7 Aufklappbarer Installationskanal
8 Massivholz-Deckenelement
9 Fassadenverglasung, feststehend
10 Öffenbares Fassadenelement
11 Fassaden-Öffnungsantrieb

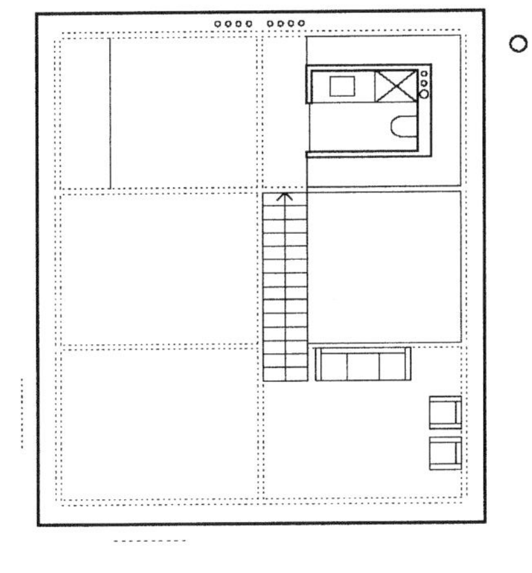

3. Ebene

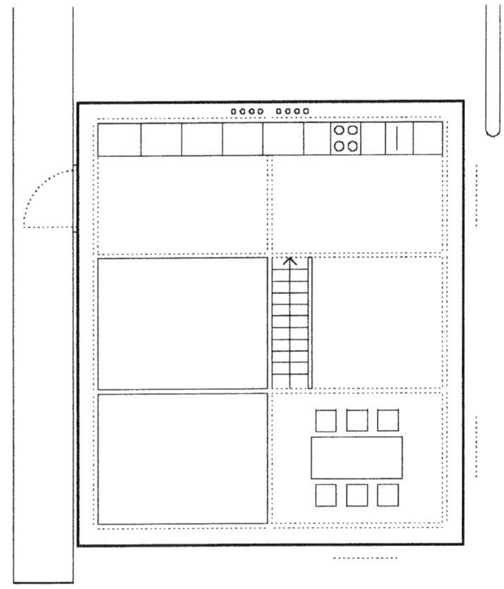

4. Ebene

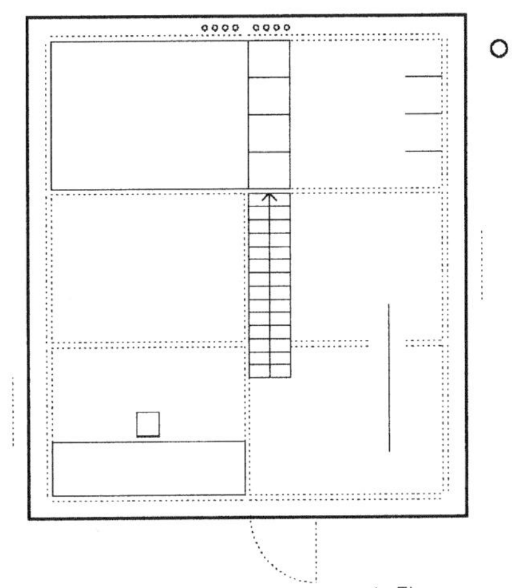

1. Ebene

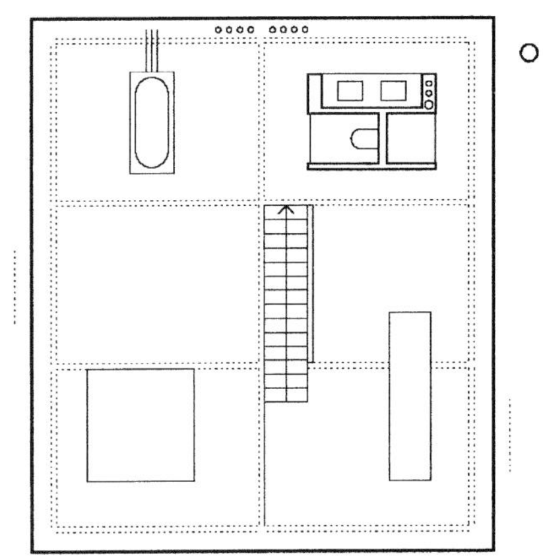

2. Ebene

Konstruktion
Stahlskelett aus Quadratrohrstützen und IPE-Deckenträgern; Aussteifung durch Zugstäbe an drei Fassaden und in den Decken; rahmenlose, abgehängte Glasfassaden mit Dreifach-Isolierverglasung, U-Wert: 0,45 W/m²K; Zwischendecken: in die Stahlkonstruktion eingelegte Fichtenholz-Dreischichtplatten (Dickholz), 60 mm, Epoxydharz-beschichtet
Wohnfläche
ca. 250 m²
Baukosten
k. A.
Fertigstellung
2000

Architektenverzeichnis und Bildnachweis

Dipl.-Ing. Gabriele Andreae, Architektin
Bussardweg 12
D-48155 Münster
Fotos: S. 108–119: Christian Richters, Münster

Dipl.-Ing. Reinhold Andris, freier Architekt
Stuifenstraße 2
D-72141 Walddorfhäslach
Fotos: S. 80–85: Bernhard Müller, Reutlingen

Boch + Keller Architekten
Eysenbachstraße 20 B
D-64297 Darmstadt-Eberstadt
Fotos: S. 46–49: Thomas Eicken, Darmstadt

Ingo Bucher-Beholz, freier Architekt BDA
Hornstaaderstraße 33
D-78343 Gaienhofen
Fotos: S. 100–103 und 105, 106: Ingo Bucher-Beholz

Döring Dahmen Joeressen Architekten
Hansaallee 321
D-40549 Düsseldorf
Fotos: S. 13: Prof. Wolfgang Döring

Dipl.-Ing. Georg Driendl, Architekt
Mariahilfer Straße 9
A-1060 Wien
Fotos: S. 30-35: James Morris, London;
S. 36-41: Lew Rodin, Wien

Frank + Schulz, freie Architekten BDA
Lessingstraße 1
D-71083 Herrenberg
Fotos: Umschlagrückseite, S. 42–45:
Siegfried Gragnato, Stuttgart

Dipl.-Ing. Franz Jechnerer, Architekt
Uferpromenade 19
D-14089 Berlin
Fotos: S. 77 u., 79: Franz Jechnerer; S. 76, 77 o.: Johannes Kottjé

Ernst Giselbrecht, Architekt DI
Sparkassenplatz 2/III
A-8010 Graz
Fotos: Umschlagvorderseite, S. 70–75: Paul Ott, Graz

Architektur & Projektsteuerung Michael Klünker
Sollingstraße 24
D-37603 Holzminden
Fotos: S. 86, 89: Axel Tristram, Holzminden; S. 87: Michael Klünker

Professor Jürgen Reichardt, Architekten BDA
Im Walpurgistal 10
D-45136 Essen
Fotos: S. 56–59: Klaus Ravenstein, Essen

Dipl.-Ing. Johanna Rosa-Cleffmann, Architektin
Jungerhalde 15
D-78464 Konstanz
Fotos: S. 25–29: Brigida Gonzalez, Stuttgart

Schaudt Architekten BDA
Dipl.-Ing. Martin Cleffmann
Hafenstraße 10
D-78462 Konstanz
Fotos: S. 50, 53, 55: Schaudt Architekten;
S. 51, 52: Johannes Kottjé

Schulitz + Partner Architekten BDA + Ingenieure

Viewegstraße 26
D-38102 Braunschweig
Fotos: S. 61 u., S. 65 u., 66–67: Schulitz + Partner;
S. 61 o., 64: Johannes Kottjé

Werner Sobek Ingenieure

Albstraße 14
D-70597 Stuttgart
Fotos: S. 120–122: Josef Schulz, Düsseldorf
Zeichnungen: S. 123–125: Werner Sobek Ingenieure, Stuttgart

Wagner Graser

Jürg Graser, Dipl. Architekt ETH SIA
Neugasse 6
CH-8005 Zürich
Prof. Christian Wagner
HTW Hochschule für Technik und Wirtschaft
Ringstrasse
CH-7000 Chur
Fotos: S. 90–92: Andrea Helbling, Zürich;
S. 94–99: Ralph Feiner, Chur

Sämtliche Grundrisszeichnungen wurden von den Architekten zur Verfügung gestellt oder auf Grundlage zur Verfügung gestellter Pläne neu gezeichnet.

Nachweis der sonstigen Abbildungen:

ALHO Systembau GmbH, Morsbach: S. 17 o.r., S. 18 r.
Reinhold Andris, Walddorfhäslach: S. 16 o.m., o.r.
Boch + Keller, Darmstadt: S. 16 u.
Ingo Bucher-Beholz, Gaienhofen: S. 16 o.l.
Professor Kurt Junghanns, Berlin: S. 8 u.
Archiv der MAN AG, Augsburg: S. 8 o., m.
aus: Claude Mignot, »Architektur des 19. Jahrhunderts«, Stuttgart 1983 (Crystal Palace), S. 180: S. 7
Schulitz + Partner, Braunschweig: S. 15 (alle außer u.)
Stahl-Informations-Zentrum, Düsseldorf: S. 7 m., u.;
Versuchsanstalt für Holz- und Trockenbau/Karsten Tichelmann, Darmstadt: S. 19 (Zeichnungen)

Alle übrigen: Johannes Kottjé, Aachen

Verzeichnis verwendeter und sonstiger weiterführender Literatur

Allkämper, Hans: »Wohnungsbau mit Stahl«, in: *Deutsches Architektenblatt*, Heft 12/2001

Baum, Mirko: »Ein Rundflug vom Flugplatz Dessau – Kritische Betrachtung der Beziehung von Kunst und Technik«, in: *Moderne und Nationalsozialismus im Rheinland*, Paderborn 1997

Blaser, Werner; Heinlein, Frank: *R 128 by Werner Sobek*, Basel 2001

Bock, Thomas: »Robotik und Automatisierung in der stationären Fertigung«, in: *Detail – Zeitschrift für Architektur und Baudetail*, Heft 5/98, München 1998

Conrad-Hansen, Albert: »Ein neuer Kleinhaustyp: Das Stahlhaus«, in: *Schule und Elternhaus – Halbmonatsschrift für Eltern und Erzieher*, VI. Jahrgang, Heft 8, Berlin 1929

db – Deutsche Bauzeitung 7–01, Stuttgart 2001

Deutscher Werkbund (Hrsg): *Bau und Wohnung*, Stuttgart 1927/1992

Franke, Lutz; Deckelmann, Gernod: *Das wärme- und feuchteschutztechnische Verhalten von stählernen Fassadendurchdringungen*, Stuttgart 1998

Gössel, Peter; Leuthäuser, Gabriele: *Architektur des 20. Jahrhunderts*, Köln 1994

Grosch, Volker; Beirow, Bernd: »Ausgewählte bauphysikalische Probleme von Wohngebäuden in Stahlleichtbauweise«, in: *Bauphysik* Heft 5/2001, Berlin 2001

Hammer-Tugendhat, Daniela / Tegethoff, Wolf (Hrsg.): *Ludwig Mies van der Rohe, Das Haus Tugendhat*, Wien 1998

Hoh-Slodczyk u.a.: *Hans Scharoun – Architekt in Deutschland* 1893–1972, München 1992

Junghanns, Kurt: *Das Haus für alle – Zur Geschichte der Vorfertigung in Deutschland*, Berlin 1994

Kirchhoff, J.; Jacobs, B.: »Besonders kostengünstiger Wohnungsneubau – Stand und Perspektiven«, in: *Kurzberichte aus der Bauforschung 40*, Heft 2, Stuttgart 1999

Kistenmacher, Gustav: »Normung und Typisierung des Stahlhauses«, in: Blecken, Heinrich (Hrsg.): *Das deutsche Stahlhaus, o.O. ca. 1920er Jahre*

Klotz, Heinrich (Hrsg.): *Vision der Moderne – Das Prinzip Konstruktion*, München 1986

Kostengünstiger Wohnungsbau mit Stahl, Dokumentation 548 des Stahl-Informations-Zentrums, Düsseldorf 1998

Kottje, Johannes: *Tragende Konstruktionen aus Stahl im Wohnungsbau*, Aachen 2002

Luig, Klaus Th.; Lenze, Veronika: *Stahl im Wohnungsbau*, Berlin 1998

Nägele, Hermann: *Die Restaurierung der Weißenhofsiedlung*, Stuttgart 1992

Naumann, Helfried: »Aktuelle Erfahrungen mit Stahlbauweisen im Wohnungsbau«, in: *BDB-Jahrbuch 1999*, Bonn 1999

Oswald, Rainer; Abel, Ruth: *Hinzunehmende Unregelmäßigkeiten bei Gebäuden*, 2. Auflage, Wiesbaden 2000

Robeck, Ulrike: *Alles Blech: Wohnhäuser aus Stahl – Eine Bilanz ihrer Entwicklung, Herstellung und Verbreitung im rheinisch-westfälischen Industriegebiet*, Essen 2000

Schulitz, Helmut C.: »Stahlkonstruktionen für den Wohnungsbau«, in: *Das Bauzentrum*, Heft 1/1999

Schulitz, Sobek, Habermann: *Stahlbau Atlas*, Köln 1999

Spiegel, Hans: *Der Stahlhausbau*, Leipzig 1928

Stahl-Informations-Zentrum: *Wohnbauten in Stahl – weltweit*, Düsseldorf 1996

Stahl-Informations-Zentrum: *Wohnungsbau mit Stahl, Dokumentationen von Wohnhäusern*, Düsseldorf, diverse J.

Stahl-Informations-Zentrum: *Wohnungsbau mit Stahl – Profilhandbuch*, Düsseldorf 2000

Verordnung über energiesparenden Wärmeschutz und energiesparende Anlagentechnik bei Gebäuden (Energieeinsparverordnung – EnEV), gültige Fassung vom 16. November 2001

Impressum

Bibliografische Information Der Deutschen Bibliothek
Die Deutsche Bibliothek verzeichnet diese Publikation in der Deutschen Nationalbibliografie; detaillierte bibliografische Daten sind im Internet über <http://dnb.ddb.de> abrufbar.

Gestaltung: Monika Pitterle
Litho: Fotolito Longo, Bozen
Druck: Jütte-Messedruck GmbH, Leipzig
Bindung: Kunst- und Verlagsbinderei GmbH, Leipzig
Printed in Germany

ISBN 3-421-03453-2